U0625150

好学生是教出来的

本书编写组◎编

Jiaoshi Zhuanye
Fazhan Congshu

教师的专业发展，不在于理论是否高深与新颖，重要的是理论与实践的联系，让教师们从自己的日常工作中获得真实有效的经验与反思。本丛书更多地立足于教师的三尺讲台来研讨教师的专业发展，从真实可感的教学实践中探索教育的真知。

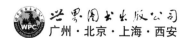

世界图书出版公司
广州·北京·上海·西安

图书在版编目（CIP）数据

好学生是教出来的／《好学生是教出来的》编写组
编．—广州：世界图书出版广东有限公司，2011.3（2024.2重印）
ISBN 978－7－5100－3356－8

Ⅰ．①好… Ⅱ．①好… Ⅲ．①中小学教育－教育工作
Ⅳ．①G63

中国版本图书馆 CIP 数据核字（2011）第 036100 号

书　　名	好学生是教出来的
	HAOXUESHENG SHI JIAOCHULAI DE
编　　者	《好学生是教出来的》编写组
责任编辑	李欣鞠　张梦婕
装帧设计	三棵树设计工作组
出版发行	世界图书出版有限公司　世界图书出版广东有限公司
地　　址	广州市海珠区新港西路大江冲 25 号
邮　　编	510300
电　　话	020-84452179
网　　址	http://www.gdst.com.cn
邮　　箱	wpc_gdst@163.com
经　　销	新华书店
印　　刷	唐山富达印务有限公司
开　　本	787mm×1092mm　1/16
印　　张	12
字　　数	160 千字
版　　次	2011 年 3 月第 1 版　2024 年 2 月第 4 次印刷
国际书号	ISBN　978-7-5100-3356-8
定　　价	59.80 元

"教师专业发展" 丛书编委会

主　编

王利群　　解放军装甲兵工程学院心理学教授
周作宇　　北京师范大学教授、教育学部部长

编　委

马世晔　　中华人民共和国教育部考试中心
李功毅　　《中国教育报》副总编
王增昌　　《中国教育报》高级编辑
殷小川　　首都体育学院心理教研室教授
张彦杰　　北京市教育考试院
魏　红　　北京师范大学教务处
刘永明　　北京师范大学继续教育与教师培训学院 副研究员
刘艳茹　　北京市顺义区教育研究考试中心，中学高级教师
刘维良　　北京教育学院教育学教授
杨树山　　中国教师研修网执行总编
肖海雁　　山西大同大学心理系主任，教授
张兴成　　西南大学（原西南师范大学）副教授
南秀全　　湖北黄冈特级教师
方　圆　　北京光辉书苑教育研究中心研究员

序　言

　　教师是一个神圣的职业，也是一个更加需要专业性的职业。这里的专业性主要体现在一个教师的教学技巧上，包括课堂的管理、对学生的培养方法、教育理念如何随着时代、环境、学生情况的变化而更替、教师自身专业知识的巩固、更新等等。

　　一个教师所拥有的良好的教育方法，不但可以帮助教师提高工作效率、改善教育成果，也能为师生之间建立起一座情感的桥梁。教学方法的掌握更能引发学生的学习兴趣，集中学生的注意力、激发学生的求知欲、更能让教师的工作环境、学生们的主要学习环境——课堂充满生动、活泼、自然之气氛。

　　为了适应新课程改革的发展和广大教师职业发展的迫切需要，我们推出了这套"教师专业发展"丛书。依照教师们在教学中遇到的、可能遇到的问题都做了面面俱到的分析和解答，为教师们提供了多种教学方法，以便参考。

　　培养出品学兼优的学生，一直都是所有的教师的最梦寐以求的。如何让一个好学生好上加好，让一个"坏"学生逐渐向好学生过渡、转化，都是需要教师付出大量心血和娴熟技巧的。《好学生是教出来的》《没有不好的学生，只有不好的教育》就是针对好学生的养成而策划的。它们从不同的角度进行阐述，目的就是让教师能够抓住教育的切入点，从而对症下药、因材施教。

　　《教育创新与课堂优化设计》与《教师课堂教学技能的培养和提高》两本书中提供了一系列的方法和技巧，来帮助我们教师如何把死板的教学变得更加鲜活，怎样把最经典的教育理念和方法融入有趣的情境中，让教师更充分地领会先进、有效的教育方法。而公开课是每一位教师都要经历的。它不仅是对教师教学水平的检验，更是教师交流和探索教学经验的平台。不管是步入教师行业的第一堂公开课，还是在教师职业上的任何一堂，都是全方位检验一个教师教学质量的试金石。所以便有了《如何上好一堂公开课》这本书。

《如何成为骨干教师》这本书明确地道出了成为一位骨干教师所要具备的基本要求，并提供了各种可以达到此标准的路径。

在此套丛书中，我们更注重的是培养广大教师的教育思想、创新精神，鼓励教师们在实践中创造性地发展，总结先进的教学模式和教学方法。毫无疑问，这些新思想、新模式、新方法势必能够使教师们极大地提高教学质量。

丛书采用了浅显的语言去解释深刻的道理，把死板的说教知识人性化、鲜活化，并运用了大量的案例来分析、点评、讲解，把先进的教育理念同有趣的情景再现融会贯通，深入浅出，娓娓道来，让教师们能够最大程度上的领会、吸收先进的教育经验。

目
录

引言

　　每个老师应该都会想过这样的问题:怎样教出好学生? 教出好学生,是作为教师的成功,不想当将军的士兵不是好士兵,不想教出好学生的老师不是好老师,好老师才能教出好学生。怎样教出好学生,的确是一个值得探讨的课题。

　　不过我们首先要做的,是对"好学生"概念的重新思考。"好学生"有没有一个统一的标准? 什么是 21 世纪的"好学生"? 在中国,这个问题甚至比"怎样教出好学生"还重要。尽管"素质教育"已经提出多年,但绕来绕去都难逃目前教育体制的根本性弊端——分数,如果一个学生在分数上不能名列前茅,无论他其他方面如何,都难以被看成是"好学生",会念书,会考试,分数高就是"好"学生,与此相对,只有和能够取得高分数相关的素质和能力才可以算的上是"好"品质。

　　当人家的教育体制正在以开放的视野和胸怀为社会输送多元化人才之时,我国的教育还停留在追求学生"性格稳重,思维敏捷,成绩优异"阶段。我们的教师首先应该思考"好学生是什么样的",其次才是"怎样教出好学生"。不过,多元化并不意味着"好学生"失去标准,我们认为,"好学生"这个标签在中小学阶段是有正面价值的,对学生而言,它有示范与激励的作用;对教师而言,它提供了方向与内容。

　　本书立足于对"好学生"标准的重新审视,把"好学生"看成是成长中的人、有个性的人,而不是考试机器、顺从成人意愿的孩子。因此,本书更多的

1

篇幅着眼于教师对学生的素质塑造。期望教师们以宽广的胸怀、面向未来的眼光,去教"好"每一个学生。

引　言

　　每个老师应该都会想过这样的问题：怎样教出好学生？教出好学生，是作为教师的成功，不想当将军的士兵不是好士兵，不想教出好学生的老师不是好老师，好老师才能教出好学生。怎样教出好学生，的确是一个值得探讨的课题。

　　不过我们首先要做的，是对"好学生"概念的重新思考。"好学生"有没有一个统一的标准？什么是 21 世纪的"好学生"？在中国，这个问题甚至比"怎样教出好学生"还重要。尽管"素质教育"已经提出多年，但绕来绕去都难逃目前教育体制的根本性弊端——分数，如果一个学生在分数上不能名列前茅，无论他其他方面如何，都难以被看成是"好学生"，会念书，会考试，分数高就是"好"学生，与此相对，只有和能够取得高分数相关的素质和能力才可以算的上是"好"品质。

　　当别人的教育体制正在以开放的视野和胸怀为社会输送多元化人才之时，我国的教育还停留在追求学生"性格稳重，思维敏捷，成绩优异"阶段。我们的教师首先应该思考"好学生是什么样的"，其次才是"怎样教出好学生"。不过，多元化并不意味着"好学生"失去标准，我们认为，"好学生"这个标签在中小学阶段是有正面价值的，对学生而言，它有示范与激励的作用；对教师而言，它提供了方向与内容。

本书立足于对"好学生"标准的重新审视，把"好学生"看成是成长中的人、有个性的人，而不是考试机器、顺从成人意愿的孩子。因此，本书更多的篇幅着眼于教师对学生的素质塑造。期望教师们以宽广的胸怀、面向未来的眼光，去教"好"每一个学生。

好学生是教出来的

第一章　好学生是什么样的

2002 年 2 月 23 日是一个风和日丽、春意浓浓的星期六。北京动物园内异常热闹。下午 1 时 10 分左右，动物园熊山内突然传来狗熊"嗷、嗷"的嚎叫声。只见随着水泥地上冒起的一股股白烟，两只大黑熊躺在地上打起了滚。就在围观人群一阵骚动后，一名手拎食品袋，戴着眼镜的男青年急匆匆地挤出人群向熊山外溜去。

"抓住他，就是他给大黑熊投的毒。"喊声未落，这名男青年撒腿就向动物园内狮虎山方向跑去。正在附近巡逻的动物园派出所民警、动物园保卫处的工作人员以及在场的群众围追堵截，将这名男青年抓住，带到了动物园派出所。

经警方审查，男青年叫刘海洋，北京人。据刘海洋交代，因父母离异自己一直与母亲相依为命。1998 年，自己幸运地考入了清华大学电机系，大学期间学习成绩一直名列前茅，并已经通过了学校研究生考试。

对于为什么要残害动物，刘海洋说："我曾经从书中看到过熊的嗅觉敏感，分辨东西能力特别强。但人们又总说'笨狗熊'，所以我就想验证一下狗熊到底笨不笨。"2002 年 1 月 29 日，刘海洋用事先准备好的一瓶饮料兑上从学校实验室偷到宿舍的火碱来到了动物园。他假意投喂黑熊并将掺有火碱的饮料倒向正在与游客戏耍的黑熊，看到黑熊被烧得满地打滚，嗷嗷乱叫，侥幸逃脱的刘海洋并没有感到满足，而是又酝酿着下一次行动。

2月23日中午，刘海洋用一个白色纸袋装着两瓶饮料和一个平时喝水用的500毫升硬塑料杯，从一家化工商店花8元钱买了一瓶硫酸，分别兑进了随身携带的饮料和塑料水杯内，而后乘公共汽车来到了动物园。

北京动物园副园长王保强说，从1月29日至2月23日，北京动物园先后有3只黑熊、1只马熊和1只棕熊受到了刘海洋所泼的火碱或硫酸的残害。这5只熊有的嘴被烧坏，进食困难；有的四肢被烧，无法行走；有的前胸、背部、臀部被烧坏，失去了正常生活的能力。"23日受伤的那只黑熊伤势最重。它已被硫酸烧得双目失明，舌面整个被灼伤，粘膜脱落，口腔及上腭被烧坏，而且喉部和气管都有可能也被烧坏了。"北京动物园熊山饲养员陈青山说。

如果按照学习好，考上好大学就是"好学生"这样的标准来衡量，刘海洋一定可以算得上是位"好学生"。事实上，自幼父母离异，由普通工人的母亲一手扶养大的刘海洋，因从小生活简朴、刻苦好学，从小学到大学的确一直是老师和学校公认的优秀学生。但就是这个"好学生"却拿了硫酸来泼熊。刘海洋伤熊事件一度引起人们对中国社会评判好学生标准的质疑：到底什么样的学生是好学生？

本节我们将和大家一起来探讨好学生究竟是什么样的。

第一节　好学生的标准是什么

　　长期以来，在人们的心中，好学生一定是那些"考试成绩优秀"、"遵守纪律"、"循规蹈矩"、"老实听话"的学生，孩子的分数只有名列前茅者才被广大家长所接受，学校许多老师也都这么认为。而那些思想活跃、性格开朗、遇事肯动脑筋、常有自己的看法、爱提意见的学生是很难被称为"好学生"的，学校评选"优秀学生"时，他们也很难评上。

　　那么，好学生的标准是什么？成绩、品德、行为、体质、能力还是特长？正因为学生间存在着差异，所以我们对每个孩子的要求也应是不一样的，因此，我们必须把孩子的全面发展作为培养标准，把孩子综合素质的全面提高作为教育追求的目标。

　　这里我们不妨先来思考两个问题：①一个科学家和一个农民谁优秀？②一斤肉和一斤青菜哪个更有营养？显然我们都不会武断地下最后的结论。不过，我们可以这么说：科学家和农民各有所长，只要他们所做的一切能对人类有贡献、有帮助，他们都是合格的地球公民；同样，青菜和肉只要没受污染，人们都可以食用，都是有营养的。所以说，合格的、符合标准的、人们所认可的，才是我们所需要的，至于哪个更优秀，实在难下确切的结论。就像肉类，它的能量肯定比蔬菜要高，但维生素含量可能就不如蔬菜了。各人有各人的长处，各人也有各人的薄弱点，我们绝对不能产生因为某人具备某一特长而贬低他人的想法。

在基础教育阶段，我们往往否定成绩刚及格的学生，有的学校、老师甚至把考试成绩刚达到合格标准的学生定为差生，要给他们补课。我们的学校、老师、家长对孩子的要求是否苛刻了一些？追求优秀本身并没有什么错，但是就在追求优秀的同时，我们所采用的方法却出现了很大的偏差。我们以剥夺孩子的自由支配的时间为代价，让他们去做他们不喜欢的事情，来达到所谓的共同目标。当所谓的培养优秀学生的大旗驻进校园，当学生所取得的合格成绩一旦被排斥，学生的自由就没有了，他们成为物化了的机器；老师的工作量加大了，他们成为不知疲倦的知识小贩，对学生的温柔与热情没有了。最后，学生的分数提高了一些，但是学生的体质、思想、行为都不合格了，兴趣爱好都没有了，童心也泯灭了，综合素质大大下降。教师也是怨声载道，苦不堪言。

而所谓的优秀学生，从高校反馈的情况来看，为数不少的学生进入高校后，学习态度钝滞，学习状态欠佳。当年高考前的拼搏精神"退役"，当年考场上的雄风不再。这并不是我们所期望的，新一轮课改其实就是冲着培养合格的人才、提高学生的综合素质而来的，它旨在培养全面发展、健康而又有个性的人才。

好学生是否有一个评判标准呢？下面我们来看这样一种好学生的标准：

> 有人说：学习好的学生就是好学生，作为老师，我也承认我也喜欢那些成绩优秀，学习刻苦的学生。虽然说学生的天职是学习，但不等于说学习好就是判断好学生的唯一标准。我曾经听说过这样一个故事：某市推选的 17 名优秀学生顺利地通过政治、演讲、音乐图画、体育等项测验，但是主考者又出了两个学生们意想不到的试题，使之几乎"全军覆没"。一是在考场门口随意乱放一把扫帚和一块脏抹布，学生们都在上面跨

进跨出，无人理睬。二是给每个学生都发了草稿纸、铅笔和刀片，同学们在削铅笔时，除了有3个同学把铅笔屑削在纸上外，其他同学都削在桌上、地上。这说明在新的教育理念下，不能只重视知识教育，而要特别重视良好的行为习惯的培养。

因此，学生能否称之为"好学生"，我认为不能仅以学习成绩来论，应该有很多标准：学习成绩优秀是好学生，各种竞赛榜上有名是好学生，校运会上夺得冠军是好学生，科技小制作创新者是好学生，演讲比赛优胜者是好学生，尊敬师长是好学生，团结同学是好学生，讲究卫生是好学生，热爱班集体是好学生，专心听讲是好学生，认真完成作业也是好学生等等。也就是说：一个学生只要身上有一处闪光点，那么，它在这一方面就是一个好学生！

著名的教育家苏霍姆林斯基曾经说过："在每一个学生的心里根深蒂固的存在着一种渴望，那就是让自己变得更优秀。"然而，天生优秀的学生实在太少了。相反，那些不断努力，不断完善自我，努力成为老师眼中的好学生的学生数不胜数。他们时刻迸发着进步的火花，我们要用发展的眼光去看待每一个进步成长的学生。

因此，在我的眼中，好学生不一定是成绩最好的，但他一定是全面发展的；在我的眼中，好学生不一定是最听话的，但他一定是爱憎分明的；在我的眼中，好学生不一定是长得最漂亮的，但他一定是衣着得体，朝气蓬勃的；在我的眼中，好学生不一定是死钻牛角尖的，但他一定要有一种不服输的精神。

如果一定要我说，我眼中的好学生是什么样的话，那就是：善于反思自己的过去，敢于正视自己的缺点并努力改正的；能够不因为现在的成绩差而自卑，并努力学习的；与人为善，乐于助人的，深深的爱着自己的母亲和这个世界的……所有这些学生都是好学生，是值得我以及全体老师为之而自豪的好学生。

第一章　好学生是什么样的

也有人认为，相信孩子的潜能，并树立孩子的自信，是成功的基础，所以，无论我们遇到什么样的学生，都把他当做好学生来教育，当学生出了这样那样的问题时，我们有时会抱怨：怎么会遇到这样的学生啊。这无论对学生还是对老师来说，都是降低信心的暗示，教师要学会坚信学生是有缺点的好学生，而不要认为他们是有优点的坏学生，如果能用这种心态来教育，我们就是成功者。

一个对这个世界几乎一无所知的孩子，当他走进被称之为学校的地方时，一个被尊称为老师的人当众挖苦他，当众宣布他比别人笨，他怎么会有勇气走人生的路？就像所有人都有缺点一样，哪个人没有优点？老师最神圣的职责恰好应该是发现每一个学生的优点并且当众告诉他什么地方行。每一个孩子都是一个世界，我们要让学生不断在自己的世界里创造和发展，而不是摧毁尚未成熟的世界。比如下面这个例子：

美国有一个小学老师叫麦琪，是学期中间调到一个学校的，校长要她当 4 年级 B 班的班主任。校长告诉她说这个班级的学生很"特别"。

第一天走进教室，麦琪先被吓了一跳：横飞的纸团、架在桌子上的脚、震耳欲聋的吵闹声……整个教室活像混乱的战场。麦琪翻开讲台上的点名册，看到上面记录着 20 个学生的 IQ（智商）分数：140、141、160……在美国，学生入小学都要测试智商，按智商分快慢班。正常人的智商在 130 左右。麦琪恍然大悟：噢！怪不得他们这么有精神头，原来小家伙们个个都是天才！麦琪为能接手这么高素质的班级而暗自庆幸。刚开始，麦琪发现很多学生不交作业，即使交上来的也是潦草不堪，错误百出。麦琪找孩子们单独谈话。"凭你的高智商，没有理由不取得一流的成绩，你要把潜力发掘出来。"她对每个学生这样说。

整个学期里，麦琪不断提醒同学们，不要浪费他们的聪明才智和特殊天赋。渐渐地，孩子们变得勤奋好学，他们的作业准确而富有创造力。学期结束时，校长把麦琪请到办公室。"你对这些孩子施了什么魔法？"他激动地问，"他们统考的成绩竟然比普通班的学生还好！""那很自然啊！他们的智商本来就比普通班学生要高呀，您不是也说他们很特殊吗？"麦琪不解地问。

"我当时说 B 班学生特殊，是因为他们有的患情绪紊乱症，有的智商低下，需要特殊照顾。"

"那他们的 IQ 分数为什么这么高？"麦琪从文件夹里翻出点名册，递给校长。

"哦，你搞错了，这一栏是他们在体育场储物箱的号码。"原来这个学校的点名册，在一般学校标智商分数的地方，注的是储物箱号码。

麦琪听了，先是一愣，但随即笑道："如果一个人相信自己是天才，他就会成为天才。下学期，我还要把 B 班当天才班来教！"

从以上的例子和论述中，我们可以看到，一方面"好学生"是一种现实存在，也是人们的期望。人是有差异的，总会有一部分人由于天赋或努力，会表现得更好；另一方面，正因为人是有差异的，我们又难以用某种固定的标准去衡量和要求学生，这种观点要求我们把每个学生看成是"好学生"，鼓励他们发展自己的个性。

关于"好学生"的标准是一个非常值得思考的问题，我们以往的标准应该与时俱进，跟上时代发展的要求，"好学生"的标准应该更多元。但另一方面，过分的多元又会导致标准的丧失，使"好学生"这个标签失去应有的作用。

第二节　变革我们的好学生观

好学生是教出来的

　　随着教改的深入，人们的观念发生了一定变化，虽然高考制度的存在让人们对分数仍旧很看重，但人们心中的"好学生"和以往有了很大变化。

　　我们先来看看老师们是怎么看待"好学生"这个概念的：

宋老师：

　　当自己还是学生时，以为只有成绩最棒，才是老师心目中的好学生。轮到自己成为老师了，心中的"好学生"标准发生了变化：孩子不必过分看重成绩，学习也好，生活也罢，每件事情会努力，认真去做了，这就是好学生。好学生还应该是阳光的，充满自信的，有爱心的。

胡老师：

　　只要有一好就是好学生，不要把某一方面差的学生当成差生。

徐老师：

　　好学生首先是一个健康的学生，这里的健康包括身体健康和心理健康，其次是好学的、上进的，第三是有爱心的，第四是应该至少有一个特长或业余爱好的。总之，在我的心目中，好学生的标准是：健康、好学、有爱心、有一定特长。每个孩子都有不同的特点，我们在评价学生时，既要注重共性，又要关注孩子的个性。

付老师：

教育要培养什么样的人？这应该随着社会和教育的发展而与时俱进，现在是一个价值多元化的社会，好学生的标准也应该是多元的！

第一，德是首要的，好学生应该是一个乐观、积极向上、能与人合作共处，并有爱心和宽容心的。第二，就能力而言，作为学生首先应该是一个善于学习的人，会学习的人，掌握一定学习方法的人。第三，我觉得一个学生在具备了良好的德和能的内在条件的基础上，还要是一个能付诸行动的人！

吕老师：

我认为对好学生的评价包括知识、技能、情感、身体、心理等各方面的素质都要均衡。

陈老师：

我认为一个好学生最大的特点是在集体中能多为别人考虑，多发现别人的优点，而不是像手电筒一样只照别人的缺点。

张老师：

如果班内有50位学生，我们至少应该用51套标准去评价。好学生的评价标准不是唯一的，好学生不可能十全十美，我们的教师要有这种理念，才能更好地引导学生健康发展。

从如上老师们的讨论来看，老师们也不赞同只要学习好就是好学生。但在教学过程中，老师们往往不自觉地对学习好的学生偏爱有加，让同学们和家长乃至整个社会都有了错觉。让我们来读读下面这个故事吧。

第一章 好学生是什么样的

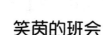

笑茵的班会

课前的5分钟讲演，班上一个叫笑茵的学生讲了自己竞选班委的一段经历。

笑茵说，她不怕挫折，有心理适应能力，这主要体现在竞选班委的事件上。笑茵说，在班上她学习成绩第一，各项活动积极参加，但有一些同学却嫉妒她，选举时，不投她的票，结果她落选了。开始的时候，她十分伤感，为这次竞选的失败，但静下心来，觉得没有什么。她发现那些竞选上班委的同学，都善于处理人际关系，他们有些地方还不如她，可凭人缘好，就上去了。对此，笑茵不屑一顾，觉得搞人际关系不是真本领，于是，她就决定这样独来独往下去。笑茵的想法是：我行我素，有什么不好？精通人际关系，是"小人"的伎俩和招数。这样一想，她就理直气壮了。以后，她再也不竞选班委了，只一门心思地练就她认为的真正本领——学习文化知识和相应的技艺，如书法、舞蹈等。

"你认为同学们认可你吗？"

笑茵走下讲台时，老师问。她摇摇头。

"他们觉得我怪，我骄傲。"笑茵嘟着嘴说。

"大家都孤立你，你还心平气和，愉快吗？"笑茵将嘴巴噘得高高的，不再说话了。

老师走上了讲台，说："笑茵是个多才多艺的学生，这不容否定，她文章写得好，歌唱得好，还弹得一手好钢琴，又看了好多书……如此发展下去，将来，笑茵会是个很有才华的学生。但实话实说，笑茵，你快活吗？"

笑茵头低得更深了。

"沉默代替了回答，笑茵不快乐，因为她的价值没有得到

身边同学们的认可，她孤独，因为孤独，她更多的时候是茫然无措，如此发展下去，将来笑茵势必愤世嫉俗，也许还会产生心理障碍。"

"老师，那我该怎么办？这太可怕了。"笑茵急得眼睛都有泪花了。看着笑茵，看着讲台下众多学生们期待的目光，老师讲了"才华"和"才能"的转变逻辑。

一个人文章写得好，是才华；舞跳得好，是才华；歌唱得好，是才华；字写得好，是才华……但这些才华不等于才能，才能是将才华应用于现实的一种能力，服务于社会，这是关键。

如果你才华盖世，如莫扎特、贝多芬，如李白、李清照，如梵高、毕加索……那么你也许不必去过多地用心思将你的才华展示给世人，因为盖世的才华本身就是超能力的。可在其他情况下，无论你如何才高八斗、学富五车，你也得食人间烟火。因为，人群认可了你的才华，那才是有用的才华，才华被认可了，那就是才能了。这就是"才华"向"才能"的转化的正附加值。只有才华被周围的人所认可，你才有施展自己才华的天地。

第二天，笑茵的母亲笑盈盈地来到学校。"老师，你们昨天那个班会开得太成功了，从来不认为自己有错误的笑茵，第一次对我说：'妈妈，我希望自己是个有才能的人，而不单单是个才华的人。'"笑茵的妈妈还说，笑茵还同她一起探讨了很多怎样与人交往、与人相处的事宜。

从笑茵的故事可以看出，我们以往的"好学生"标准偏重于"才华"，对"才能"方面有所忽视，所以才有那么多"高分低能"的学生。幸好笑茵的老师心里很清楚，他知道什么才是真正的好学生，所以他能为笑茵指点迷津，让她走出了误区。

第一章　好学生是什么样的

下面，让我们再来听听顶着"好学生"光环的同学们的心声：

在学校里，我是出了名的好学生，几乎每次考试，我的成绩都在前五名。同学羡慕我，甚至嫉妒我。老师也一直用信任和宠爱的目光看着我。爸爸妈妈更是对我倍加喜爱，每天都弄我最喜欢的饭菜，这使我感到生活充满了阳光。可是，我也有苦恼。几乎顿顿饭，爸妈都唠叨着同样一句话："好好学习，争取考上大学，为爸妈争回个面子！"这使我有时连最好的饭菜也咽不下，莫名的压力让饭菜卡在嗓子眼儿里。

"争个面子"，这几乎成了我的奋斗目标。那年，姐姐没考上重点中学，使爸妈好一阵没面子。爸妈同事的孩子考上了重点，他们顿时觉得比人家矮了一截，连走路都绕过人家门口，生怕听见人家屋里的欢笑声。回家后，他们也是唉声叹气的，弄得姐姐整日低眉垂眼，缩手缩脚，有时还以泪洗面。所以，我便肩负着为爸妈"争回面子"的千斤重担。

一次，我的语文考了89分。这下子，同学轻蔑的目光一齐向我射来，甚至我的"铁哥们"也说："哼，还语文课代表呢，才89分！"老师则用失望的口气说："唉，你这次是怎么搞的，90分都没到？"回到家里，父母的吼声也在耳边响起来："你才得这么点分数，还想不想考大学？你要把我们的脸都丢光吗？""我们为你操了多少心，你就换来这89分报答我们，你呀！"

我的眼泪终于流下来了。我不明白，难道我就不能得89分吗？难道我就非得各科考100分吗？为什么他们只顾自己的面子，不顾我的面子？人为什么要有面子？说实话，我并不是一个书呆子。我的爱好很多：集邮，画画，唱歌，看小说……为了学习，我的这些爱好都被剥夺了。我只能利用星期天偷偷看我的邮票，偷偷画几张小画，甚至哼几支歌也是在被窝

里……

这又是一个"好学生"的心声：

我是一个初二学生。打小学开始，我就很努力，是个好学生。四年级获得常识竞赛第一名，五年级又获得作文比赛第一名，成绩也一直是第一。当时，我是为了回家看到母亲的微笑。母亲成年累月面朝黄土背朝天地劳作着。哥哥学习不好，辍学回家了。这样，全家人都把希望寄托在我身上。到初中时我考进了重点校，这里好学生多。我更加努力了。可是，我的第一保不住了。到了初二，我的成绩排名下降了。我的心里好难过，我不想让母亲失望啊！我终于欺骗了母亲，对她说我还是前10名。

可是，我的良心却在时时受到谴责！我变得害怕面对母亲，面对自己。尤其是夜晚，我更害怕，总好像听到一种声音在指责我。我怕床，怕黑夜，怕自己一个人在屋里呆着，怕和母亲面对面地坐着，更不敢看母亲的眼神……我觉得自己得了一种病，一种叫不上名字的病。

这些"好学生"的心声又告诉我们什么？

好学生，在老师眼里最听话，最聪明，是老师的骄傲；在父母眼里是实现父母理想的接力棒，是全部希望的所在；在同伴眼里是自己追寻的目标和榜样。似乎，好学生前面只有鲜花、掌声和微笑。事实远非如此。好学生的心声告诉我们，在鲜花、掌声、微笑的背后，一些好学生的心灵损失了太多的愿望和童真，他们没冒险的乐趣，没有调皮时的愉快，他们像充好电的机器人，不停地学，学，学。为了"好学生"三个字，他们压抑着自己的个性，时刻绷紧着一根神经，使精神变得脆弱，变得经受不住失败和挫折。

确有一部分好学生是综合素质得到较好发展的，但相当一部分好学

生存在着较多的心理素质方面的薄弱环节。近年来，还不时地上演着好学生年纪轻轻走上不归路的悲剧。

这是为什么？主要是"好学生"观念的偏差所致。一是单一化的观念。认为好学生的衡量标准就是学习成绩好，以至极端，就是看一个分数。二是凝固化的观念。容不得哪怕一时的领先地位的失去，应该是常胜将军。三是绝对化的观念。以为好学生就该"顶字号"，最好，最棒，数一数二，一味地高期望值，看不到好与差是相对而言的。正是这单一化、凝固化、绝对化的好学生观，捆住了好学生的心灵。

然而，这能怪孩子们吗？是我们成人把这种好学生观传给了孩子。

我们怎么办？变革我们的好学生观，给孩子的心灵松绑，让更多的孩子成为健康成长的好学生。

也许你学习在班上拔尖，也许你身上艺术细胞丰富，也许你长得漂亮可爱，也许你聪明伶俐会来事，总之，由于你某一方面特别出色，因而深得老师的喜爱，成了老师整日赞扬的"宠儿"。为此，你感到自豪，感到欣喜。

学生和老师关系"磁"，自然会得到老师的特别照应，因而你生出这份心情当然无可非议。不过，福兮祸所伏，从居安思危的角度出发，上述好学生须警惕来自三个方面的"隐患"：

其一是会有潜在的不适应的危险。学生如果总受着老师的宠爱，接受着老师委派的一项项重任，沉浸在老师的赞美与同学的羡慕之中，自尊心获得了极大的满足，那么这样的学生比较容易形成一种只能高高在上，不可"低尊屈就"的心理定式。但深受老师宠爱不是"终身制"，或许有一天你不那么出色了，或许换了个不太欣赏你的老师，或许你升入新班后就不那么出类拔萃了……一旦发生这种情形，你往日那不断受到强化的自尊满足就会大受挫折，心理就会失衡。有这样一个实例，一个男孩在小学一到四年级都深得班主任的宠爱，但是上五年级时他所在的班换了班主任，而这个班主任远不像前任那么喜爱这个孩子。于是，这个孩子感到失去了老师的关注和赞许，同学也开始眼中无他了，他失

好学生是教出来的

去了对自己的信心和前进的勇气，引发了极度的焦虑情绪，学习一落千丈。

其二是容易使好学生产生骄娇二气。好学生在某些方面比较出色，老师就不知不觉地给了他们过多过高的赞誉，超出了他们的承受能力，使之不自觉地高估自己。在与同学相处中就容易表现出一种居高临下的傲慢态度，同时，好学生比较注重参加一些社会活动，参加学校、老师布置的活动，而不屑于参加同学们的日常活动，这样就容易导致他们缺少知心朋友，在班上比较孤立。此外，受老师宠爱的学生大都是班里的尖子生，他们中的一些人自感有较强的心理优势，平时成功多失败少，因而一旦受了挫折，就感到自身价值受到空前的贬低，心理上承受不起。

其三是容易形成独立性差、没有主见的不良个性。老师的过度宠爱和赞美，往往使好学生自主性差，看他人眼色行事。他们当"好孩子"当惯了，而"好孩子"意味着对老师等权威的服从，一举一动都要给别人留下好的印象。于是等这些孩子长大以后，其个性表现倾向于以他人尤其是权威的取向是从，使自己的言行表现受制于他人的赞美。这样就容易导致他们创造力差，做事缺乏勇气和闯劲，惧怕他人的议论和外在的压力，活得特别苦特别累，难于干成大事等一系列问题的产生。此时，往日的辉煌与荣誉已越来越成了模糊的海市蜃景。

当然，上述三点不是"必然"而是"可能"，提及它仅仅是为了让这类好学生，在头脑中早早绷紧一根弦，建立起忧患意识。而对我们教师来讲，则要关心每一个同学，因材施教，不要过分"倚重"某个或者某几个同学，这样做的话，或许班上会涌现出更多的"好学生"。

第三节　废除"三好"生?

好学生是教出来的

　　在中国,"好学生"这几个字似乎特别受重视,也许,这与几十年来"三好学生"这个词深入人心有关。"三好学生"一直以来都是人们心目中优秀学生的代名词。大多数中国学生都经历过"三好学生"的评选。

　　从"品德、学习、身体"三方面评定学生的制度在中国由来已久。这个概念是 50 余年前由毛泽东提出;1957 年"三好"的内涵修定为德育、智育、体育几方面都得到发展;"文革"中三好学生标准被废止。1982 年 5 月 5 日,教育部、共青团中央联合公布在中学生中评选三好学生的试行办法。规定"三好学生"的标准是:思想品德好、学习好、身体好。

　　然而,"三好学生"最受人非议的无疑是"高分低能"现象。有一种情况是,"三好学生"在学校里非常优秀,但走入社会后并非如意,事业发展也不一定成功;而一些不是"三好"的学生,走入社会后却取得了较大的成功。很早以前,就有教育类专家提出过停止或取消之类的意见,也有一些地方尝试取消"三好生"的实践。但是,绝大多数地方一直延用"三好学生"评选至今。

　　2008 年 9 月,中国教育学会会长顾明远呼吁停止评选"三好学生",因为这样会"过早给孩子贴上好学生与坏学生的标签"。此言论一出，再次引发舆论对"三好学生"这个在中国中小学实行数十年的评奖制度的关注和争论。

顾明远说，中小学校处于基础教育阶段，每个学生都是未成年人，评选"三好学生"实际是把学生分成三六九等，这样会给学生造成一定心理压力，同时在感情上伤害未被评上"三好学生"的孩子，不利于学生健康成长。

顾明远认为，有的孩子大器晚成，在小学阶段会表现得非常一般，如果过早地给他一些"你不如别人"的心理暗示，会影响孩子今后的成长。

关于"三好学生"的评选中出现的一些问题，下面几个现象值得重视：

评选过程存在被投机的可能

随便问一个小学生："'三好学生'是指哪三好？"他一定会这样回答："思想好、学习好、身体好。"但再问一句："你怎么知道他思想好？"小孩子想了半天，认真作答："他上课遵守纪律。"

守纪律就说明思想好了吗？德育难以量化考核，而"头脑简单、四肢发达"作为一种无用的形象在人们心中又如此根深蒂固，因而当"三好学生"被简单化理解时，就只有数字化的分数能让所有人信服。当升学压力大到趋于临界时，教育界人士惊呼，"三好学生"如何变成了"一好学生"！

评选重结果不重过程

学生小 A 年年拿"三好"，这次却意外落选，家长不明就

第一章 好学生是什么样的

里向老师质问。老师摆出成绩单："你看，10 个名额，你儿子成绩排第 11。谁让他就低了 0.5 分？"家长立刻羞愧难当，回家教训儿子："你怎么这么不争气！"

"三好学生"的变质正是从重结果甚于重过程开始，有人认为，"评三好"原该是"创三好"，应该在学期初初评，在每个阶段进行复评，在期末进行总评，同时要有学生的自评、互评和全体教师的综合评定，这个过程重在让学生随时看清自己，随时调整自己，查缺补漏不断进步。经过一段时间的努力达到"三好"标准才真正体现了教育的本意，而非老师拿着成绩单简单地挑选了事。

为升学评优家长送礼

评优该不该奖励？评优作为激励机制，奖励是重要一环。很多"三好学生"也是学生干部，为同学服务势必牺牲自己的学习时间，在升学时给予降分奖励应在情理之中，但若是混进些滥竽充数的，这奖励就变了味，就成了投机的捷径。一个小学毕业生的家长坦言，会提着礼物去老师家，因为小学期间是否被评为"三好"对升初中实验班有着至关重要的影响。当然，任何评估机制都有被投机的可能，关键看监督和管理得是否科学有效，目前的学校评优还是粗放型的、不科学的，德育管理相当松散，经常是一个德育老师说了算，这样有失公允的评价体系不仅易生腐败，更会挫伤孩子们的心灵。

媒体评论指出，对于"三好学生"不应单纯讨论存废，而要改革其评选内容，保证其评选机制和程序的公正公平，克服在加分、报送等利益驱动下的"评选腐败"，回归"三好生"本身的激励意义。

也有评论指出，几十年前教育就以培养德、智、体、美、劳综合素质为目标，但在现实中，智却高居第一位。由此，三好学生评选也存在着偏智而废其他的现象。出于全面发展的考虑，此时需要的是，改革三好学生评选内容，增加德、体、美、劳等非成绩类的内容，防止三好学生评选成为应试教育的推力。还需改革的是评选的程序。由于三好学生的荣誉能够换成中考乃至高考录取时的加分，因此权力黑手已经插进评选过程中，三好学生评选的公正性受到普遍质疑。故而说，三好学生与其"废"不如"改"。

还有人认为，如果"三好学生"仍然作为某些主管机关加分、奖励的标准，如果"三好学生"依然有较高的利益回报，那么取消"三好学生"评选的建议只能是缘木求鱼。换句话说，即使没有"三好学生"评选，也还会有"四好学生"、"五好学生"评选。不改变教育制度中某些不合理和不公平的成分，不从源头上发现问题的本质，单纯的"三好学生"评选的存废之争就没有任何意义。

或许，问题的关键并不在评选"三好学生"制度的存废，而在厘清基础教育的目的究竟是什么：是培养成年人眼中的"好孩子"，还是让孩子成长为一个心智健全、令自己满意的人？

美国著名哲学家、教育家杜威先生曾言："教育即生长，在生长外别无目的。"周国平先生阐释道："使每个人的天性和与生俱来的能力得到健康生长。"可见，教育本是一件纯粹的事情，小红花、小红旗、"三好学生"都是为了鼓舞生长，应当别无其他目的。

相比之下，欧美许多国家对优秀中小学生的评选显得更符合教育的本质，他们往往把考勤作为第一标准。喜欢上学是当选好学生的基本要求，这是对教育者与受教育者共同的尊重。

评选"三好学生"制度存在的问题，一定程度上也反映出教育观念上的问题。教育，尤其未成年人教育，所注重的应当是过程，且是个长期过程，而非显性结果；即便看结果，也该放宽标准，不拘一格。

目前，一些学校和地区开始改变传统的评选"三好学生"的做法。比如武汉一所中学取消了"三好学生"评选，取代的是"阳光少年"评价制度：学生不论学习成绩好坏，不论是否全面发展，只要有单项专长，就可以参评"阳光少年。还有的学校推出了"合格＋特长"培养模式。

好学生是教出来的

第四节　国外的"好学生"

关于好学生的标准，我国同一些西方国家还是有区别的。我们着重一个孩子在头脑中储存了多少知识，而西方国家看重的却是如何尽可能地开发一个人的大脑。这种教育上的差异，是以无数头脑潜能的毁坏和浪费为巨大代价的。

有这样一个故事：德国的一名督导去一所学校督学，然而汽车在途中发生故障。这位督导修理了很长时间也没有修好。这时，一名学生经过，问发生了什么事。先生告知。学生几分钟便帮督导排除了障碍。督导离开前，无意中问道："现在是上学时间，你为何不去学校？"学生答曰："今天学校有人来督学，我成绩最差，老师让我早点回家去。"

据说这位督导回去后发出了这样的疑问：这样的学生是不是"好学生"？什么样的学生才是"好学生"？

大哲学家黑格尔曾就读于神学院，原打算从事受人尊敬的牧师职业。但老师为他所写的一段真切的评语，却意外地改变了他的一生。老师的评语是这样写的：你记忆力强，判断力健全，文字通顺，作风正派，神学成绩较低，但你语言知识丰富，在哲学方面有天赋且十分努力。可以说这位老师的评语是宽容的、睿智的，但它却又是有力的，这种力量表现为它能使黑格尔从此步入哲学，成为世界哲学大家。我们不妨作这样的一个假设：如果黑格尔没有受到老师的鼓励，他最终会成为一名很糟糕的牧师。

曾有人对一位美国总统的母亲说："您真了不起，培养出这么优秀的儿子！"这位母亲回答道："我还有个优秀的儿子，他正在地里挖土豆。"如果有人对我们的老师说："你真是不容易，班里出了这么多好学生。"有多少人会回答："不行，我们班就这么几个还可以，其他的都不行。"老师这样的初步定论会影响学生的一辈子。

教育家洛克说过："在教育上的错误和错配了药一样，第一次配错了，决不能借第二次、第三次去补救，它们的影响是终身洗刷不掉的。"我们真应该好好地玩味这句话。

我们来看看其他一些国家的好学生是什么样的：

法国：不评"三好生"

法国中学体制和我国不同，初中和高中完全分开。以孟德斯鸠高中为例，该校位于巴黎西南郊，既不是重点中学，也不是移民子弟集中的"问题学校"。全校360多名学生，40%来自低收入家庭，60%来自中高收入家庭。校长菲利普·法塔斯说："我们学校有典型性。"问起法国有无类似中国"三好生"、"优秀生"等评选制度，他有点茫然："什么三好生？"待解释清楚后，他把法国的学生考核制度娓娓道来。

根据教育部规定，法国中小学里的每个班都有一个"班级理事会"，理事会约10多人，由校长、教务长、该班的所有任课老师、两名家长代表、两名学生代表组成。家长代表由家长会议选举产生，学生代表由全班同学选举。

有意思的是，当选的学生代表并不一定是班上最出色，但肯定是最有人缘的。校长对此表示有些无奈，他说，我们当然希望是最好的学生当选，但是，选举就是选举，就像法国的国民议会议员，不管你喜欢不

好学生是教出来的

喜欢，选上了他就是议员。理事会每个学期结束时召开一次会议，一年3个学期，开3次会，其任务是审议任课老师对每个学生的评语。所谓评语，不是我们通常理解的品德评语，而是学科能力评语。教师的评语相当重要，如果说某学生具有数理化分析能力，就等于说他的数理化学得好；如果说某学生的语言表达能力强，就是说他语文学得好。

"我们不说学生缺乏某种能力，而是说他具有哪种能力，需要培养和提高哪些能力。"

学年结束时召开的第三次理事会最重要，是决定某些学生命运的，如处分、留级。法国的分数为20分制，16分相当于百分制的80分，为优秀；10分以下不及格。不及格者是否一定要留级？这就是理事会的任务了。理事会成员在分析了该学生的整体情况后投票决定。当然，如果每门功课都不及格，必留级无疑，无需讨论。犯了严重错误的学生，是否应开除，也由理事会决定。决定作出后，经校长审核批准，在该学生所在的班里宣布。是否要在全校张榜公布，目前正在讨论中。犯小错误是否也处分呢？有些是要处分的，比如逃课、打架斗殴。处罚的方式，不是罚站，也不是打扫教室（法国学生不需打扫教室，学校雇有清洁工人），而是在节假日到学校来补课、做作业。

美国：学生竞争忙

人们都说美国中小学生太轻松，此话不假。但美国的学生在学校里也有竞争。学生竞争什么？当然有功课方面的竞争。尤其是少数尖子学校，比如纽约的斯蒂文森中学、布朗克斯科学高中、亨特中学，那里的学生都是眼睛盯着要上哈佛、耶鲁的。没有一定的好成绩，那些名牌大学不会要你。

但是，美国大学挑人也不完全看成绩，而是要综合考查学生的素质，包括创造发明能力、体育音乐等方面的特长、组织和活动能力、参与社会的积极性等。而各学校也尽力为培养和发展学生这方面的能力创造条件。就拿发明创造能力的竞争来说，美国的学校非常鼓励孩子从小

第一章 好学生是什么样的

就自己动脑子，发挥想象力，甚至可以"异想天开"。老师提问题，孩子的回答从来都是五花八门。到中学更让学生动手做实验，搞发明。纽约不少学校每年都要搞一次科学展会，展示学生的科学研究和创造成果。如果能获全国科学竞赛大奖，如西屋科学奖，则会有几万美元的奖学金和名牌大学录取的实际好处，学生们怎么会不积极竞争呢！

体育和音乐方面的竞争当然有天赋的客观条件，但美国学校在这方面的设施和条件之优越是许多国家无法比拟的。在美国，中学室内运动场很普遍，条件好的还有剧场和室内游泳池。因此，爱好体育的学生就纷纷参加校体育队。

组织活动能力是美国学校非常注重的能力。这方面的机会也有很多，除了班干部和学生会这些需要竞争的位置外，学校还鼓励学生办报纸和俱乐部。一个学校可以办好几份报纸，俱乐部更可以有十几个。拉几个兴趣爱好相近的同学，成立一个俱乐部，自己就能成为领导人。学生也愿意竞争各种领导职务，这对他们将来适应美国这个充满竞争的社会很有好处。

学校经常鼓励学生参加各种志愿活动，也就是做"义工"。这些工作都要记入成绩报告单，作为大学录取的依据。学生们不仅积极参与，还都争取表现得更好。接受志愿服务的单位会认真给学校写评价报告，学校对表现好的学生给予表扬。美国优秀中小学生的评选标准除了上述几方面，还有考勤和尊重他人等道德方面的要求。一所学校里能评上优秀的学生大约占 1/10。这种评选不是老师说了算，也可以竞争，学生如果自己认为够格，可以自己提名竞选，由老师和同学共同评议，其透明度很高，也比较公正，这样就更能起到榜样的作用了。

美国的社会是竞争激烈的社会。因此学校培养学生，注重的不仅是知识的积累，更重要的是培养他们的竞争意识和创造力。

对于什么是"好学生"，一位美国老师的答案具有一定代表性："我去学校听课时，非常关注学生上课是否认真听讲、有没有积极参与老师组织的课堂活动、主动完成作业、是不是会问问题，如果能做到以上几点，并且在平时的测验中成绩还不错，那他就是美国人眼中标准的好学生。"

日本：注重身心健康

现代日本教育界中认为好学生的主要标准是身体健康、自主能力强、有丰富的内心世界、有国际合作精神和环保意识。

中国教育界的人士在日本一个小学校考察，发现校长办公室中高挂在显眼位置的学生培养目标是：情感、思考和独立。我们可以从中看出，好学生的标准中没有一条是我们常提的优异的学业成绩。一番调查后，结果证实，日本学校的老师和家长几乎没有把小孩在校的学业成绩看成是最重要的东西，大多都强调小孩身心健康最重要。

日本的学校，首先是真正把学生身心健康放在第一位。反思我国学生，据有关报刊公布的调查资料显示，越是高年级的学生，心理不健康的比例越高，特别是大学生自杀的事件日多，这多少与我们虽提"健康第一"却因国情特别，难以真正落实要求有关。

其次是学校对教学质量负全责。在日本，学生在校内违纪如打骂同学等品行问题会客观分析原因，明确学校与家庭及学生本人各自应负的责任，但是如果学生学习质量不高，校长和老师是要承担一切教育责任的。

在这种情况下，学校接到家长投诉后的做法就是校长与负责教师协商，并由负责教师订好"补习"方案，同时主动与家长沟通，在取得共识的基础上，由负责老师实施"补习"方案，努力提高学生的学习质量。也许由于日本国人普遍不主要以学业成绩来衡量师生教与学的质量，这类投诉比较少。但日本学校的做法，比我们更明确了家庭与学校在小孩的教育活动中各自应负的教育责任。

再者，日本把整个学校构建成展示学生学习成果的大舞台。无论是走廊还是课堂，或者功能室，都可看到学生的作业展、主题研究报告、手工作品等等。这些展示并非我们常见的"优秀"展览，而是不论好与差，学生人人参与，体现了教育学习的"机会均等"观念。

值得注意的是，日本学校对教师的评价讲究标准化。日本没有好教师差教师之分，不像中国一样好多这样那样的评比及相应称号，教师只要考试（核）能达到全国确定的标准，就是一名正式的老师，不同标准等级的老师就能享受各自相应的工资和荣誉。不过，日本正学习中国，加强对教师的评价，以调动教师的工作积极性，提高教学质量。

第五节　中西"好学生"标准对比

在 2005 年 11 月 20 日东方卫视台《头脑风暴》栏目的"中外名校长谈教育"节目中，中国名校（上海中学）和英国名校（伊顿公学）的校长，面对亿万电视观众各自讲出了心中的"好学生"的三个标准。

上海中学校长（唐盛昌）的"好学生"标准是：人品好、素质高、潜能强。

伊顿公学校长（托尼李特）的"好学生"标准是：热情、有社会责任感、有恒心。

应该说，两位校长的"好学生"标准对于各自国家都具有普遍性，因为，上海中学和伊顿公学都是各自国家教育质量极高、教育成果卓著的数一数二的"名校"，它们分别被视为各自国家的"楷模"。上海中学高考重点大学录取率稳定在 95% 以上，其中被北大、清华、复旦、上海交大四校录取的学生超过 60%，报考国外名牌大学的录取率也在 70% 左右，外国学生报考北大的录取率超过 85%，港澳台学生报考中国大学的录取率超过 90%；而伊顿公学素以"精英文化"、"绅士摇篮"闻名于世，毕业生有许多成为世界级的科学家、艺术家、政治家和企业家等，如曾走出 19 位英国首相、诗人雪莱、经济学家凯恩斯，也是英国王子威廉和哈里的母校；同时，由于学校教育的宗旨就是要尽量培养"好学生"，所以，"好学生"标准对于两校的校长来说必定是深思熟虑的，甚至是学校明确制订的。因此，我们不妨将这样的"好学生"标准看作是中英两国各自的中学教育的价值取向。

比较两国"好学生"标准，可以说，中国重虚，英国重实；中国重笼统，英国重具体；中国重完美，英国重关键；中国重道德约束，英国重个性自由；中国重人品修养，英国重社会责任。

对于中国来说，"好学生"的第一条标准"人品好"基本上就是指个人伦理道德休养的境界，而修养的依据，在尚未建立现代伦理道德规范的今天，实际上仍然是我国的传统伦理道德规范。所以，判断一个中学生是否"人品好"常常依据的是一些通俗化、表面化的传统伦理道德说教，比如是否懂礼貌，是否尊敬老师家长，是否乐于助人，是否学雷锋做好事，是否"听话"，即是否是一个品行端正的"谦谦君子"。而对于现代文明来说，一个人更重要的是人格——现代人格——那种对生命的敬畏和热爱，对自由的崇尚和向往，对真善美的热爱和信念以及对假丑恶的憎恶和理性批判精神。而我们的带有浓重传统伦理道德色彩的"人品"教育，已经根本无法培养出学生的"现代人格"，因为它们的出发点和宗旨是不一样的，"传统人品"教育的指向是培养"谦谦君子"，而"现代人格"教育的指向是培养"自由之士"，即富于自由精神的人。比如，我们对于"尊敬师长"的态度，常常是将"尊敬师长"变成了"服从师长"，以至于与师长发生争论或批评师长，就会被指责为"目无师长"甚至"大逆不道"，从而被认为"人品"不好。因此，"人品好"作为"好学生"的第一条标准，实际上存在着"现代缺陷"。

而"好学生"的第二条标准"素质高"，本来反映了近年来我国教育改革推行素质教育的一大趋向，但我们常常片面地理解了"素质教育"，以至于我们的所谓"素质"常常就是指"艺术素质"，而"艺术素质"又常常是指掌握某些艺术技能，比如会书法、绘画、舞蹈、钢琴、古筝、二胡、萨克斯等等，或掌握某些艺术知识，而不是指对于"美"的发现、欣赏和感悟能力，表现在"艺术教育"上常常是非常在意"会不会"某种艺术，而不是去引导学生如何发现"美"、欣赏"美"和感悟"美"，以培养学生的"诗性"精神，而单纯艺术技艺教育是枯燥、乏味和难以坚持的，以至于培养出一个个"痛恨钢琴"、"痛恨画笔"的所谓"高素质"学生。

另外，就是将"性格好"——常常认为活泼、开朗、爱表现、关系好等等就是"性格好"，将"身体好"、"成绩好"视为"素质高"，而从"创造性"意义上讲，性格是不存在好坏的，关键是如何利用性格的优势。而将"身体好"、"成绩好"作为"素质高"而成为"好学生"的标准内容，这样没有道理，仿佛"身体不好"（如残疾）和"成绩不好"的学生就不是"好学生"，这不免有"等级歧视"的嫌疑。

实际上，我们的所谓"素质教育"忽略了作为一个对社会进步具有"创造性"的现代人最重要的素质要求——"现代人格"和"持之以恒"的精神。而"潜能强"更是一个难以界定的标准，大概应该包括德、智、体、美等各个方面，它与"人品好"、"素质高"相互交叉重叠，仿佛我们的学校还要在学生的未来发展的可能性上分出"好"与"坏"，而这真有可能把某些学生一棍子打死，因为一旦判定某位学生没有什么"潜能"，这个学生不仅不是"好学生"，而且他的未来都没有什么希望。事实上，一个学生的"潜能"是很难，甚至根本无法衡量的。当爱因斯坦5岁还不怎么会说话，中学辍学，大学又自动退学，身体还一直不怎么好的时候，我们如何能够衡量他日后成为20世纪伟大的科学家、哲学家和政治家的"潜能"；而21岁即已患运动神经细胞病以至后来严重残疾的当今伟大的量子物理学家霍金，我们又如何衡量他在年轻时的"潜能"。因此，我们衡量"好学生"的三条标准对于现代教育来说，其观念的陈旧、内容的空洞、实施的可操作性差是显而易见的，表面上显得"高屋建瓴"，实质上未离传统教育的窠臼。

而英国的"好学生"的三条标准——热情、有社会责任感和有恒心，显然更多地是从现代教育的角度考虑学生的培养。"热情"强调了个体生命的自由 ——激情、张扬、独立、个性，对于人生来说，没有"热情"，不仅一事无成，而且索然无味。可见，将"热情"作为"好学生"的第一条标准，其观念的现代性直指作为现代人最重要的素

第一章 好学生是什么样的

质——"现代人格"的培养，尽管它并未明言，而是想用一个容易界定和把握的状态——"热情"去潜移默化，这种潜移默化对学生来说是轻松、愉快和有兴趣的，避免了我们的"人品好"的道德说教。"社会责任感"是培养学生的社会良知，以保证学生的"热情"不与社会相脱离和冲突，即不能培养学生极端个人主义，这是现代文明对于人的基本要求。而"恒心"是强调培养学生持之以恒的精神，这几乎是任何创造性人才必须具备的最基本的素质要求和任何事业成功的最重要条件之一。有"热情"激发智慧，有"社会责任感"的引导，有"持之以恒"的精神，何愁学生将来不能成才。可以说，伊顿公学的三个"好学生"标准与现代文明一脉相承，而且界定明确，内容具体而不空泛，简单易行，几乎每一个学生都能做到，以至于每一个学生都可以成为"好学生"。这是一种明显的现代教育观念下的现代教育理念——强调学生的自由、独立、激情和社会责任以及持之以恒的精神，而且认为任何学生都可以成为"好学生"，将来都可以成才。这在表面上好像要求不高，实则寓意深远；而不像我们的"好学生"标准在表面上"高屋建瓴"，实则空洞说教，把学生当作"圣人"、"完人"，而使"好学生"的三个标准成为悬在学生头上的三把剑。

有了各自不同的"好学生"标准，在课程设置和作息时间安排上就会有明显的不同。上海中学的必修课（基础性课程）是12门：语文、数学、英文、计算机、物理、化学、生物、政治、历史、音乐、美术、体育（涵盖德、智、体、美），选修课（发展性课程）包括知识拓展类、特长培养类、课程研究类、项目实践类、体验感悟类；而伊顿公学的必修课除了我们的那些课程以外，还有神学、哲学、美学、社会学、管理学、心理学等等，选修课更是多种多样。

在作息时间上，上海中学学生每天自由支配的时间为1.5小时，而伊顿公学是4.5小时，其中还包括很有特色的1小时的"安静"时间——在"安静"时间里，学校的任何人可以做任何事情，但就是不能制造"噪音"影响别人，比如不能辩论、演讲、歌唱、音乐会、谈天、哭笑、打球、吵架……上海中学学生一周休假 2 天，伊顿公学休假 1 天，这也是他们的特色之处，多一些时间在学校可以自由地、有目的地利用时间，比如发展兴趣、爱好等；而休假回家一般就是"玩"。比较课程和作息时间设置，可知上海中学实施的是一种在我国根深蒂固的"应试教育模式"，这种模式往往重知识、轻能力，重传授、轻自学，重考试、轻兴趣，重分数、轻创造，这从记者采访时学生普遍反映学习压力大、每周有 1～2 次考试也可以看出来，所以学生自由支配的时间少，即使周末，也是有一大堆家庭作业让你无法自由支配时间。所以，我们所谓的"素质教育"不过是说说而已。而伊顿公学实行的显然是与我们相反的教学模式——真正的"素质教育"，这从他们的课程设置和作息时间安排就可以明显看出来，所以，他们的人文科学课程多，学生自由支配的时间多，有利于培养学生独立、自由、自觉、相互尊重的"现代人格"以及个性化的兴趣，特别是"安静"时间对于学生的"现代人格"培养具有重要作用，而这种作用又是通过制度与程序的潜移默化进行的，它不是"说教的"，而是通过制度与程序每天规范学生的言行，让学生养成独立、自由、自觉、相互尊重的"习惯"。

不同的教育观念产生不同的"好学生"标准和教育模式、教育理念，不同的"好学生"标准和教育模式培养出不同的"好学生"。在学生的人格、个性、创造性和解决问题的能力等现代人才素质方面，上海中学和伊顿公学有着明显差别，这也是两国的基本状况。伊顿公学的启发式和兴趣式教学可以让一个学生对中国近代史的"西安事变"产生浓厚兴趣，并能提出自己的观点，认为"西安事变"与宋美龄有密切关系，为了验证他的观点，这个学生坚持不懈地查阅历史资料，并千方百计与当时住在美国的宋美龄通上了信，最后写出了一篇三千多字的中国近代史论文。这一个案充分体现了伊顿公学"素质教育"的重能力、重自学、重兴趣、重创造的教学模式。而我们的学生在校期间哪里有时间和能力写出有独立见解的论文呢，别说中学，就是大学又有几个学生能够写论文呢？上海中学校长举出这样的例子：在上海中学校庆期间，

第一章 好学生是什么样的

学校有 5 个学生在学校的主要负责安排下，到北京采访 5 位将军。一看这样的例子，我们就知道，这 5 个学生的"举动"不是出于自己真正"自由"的对于历史真理的探求欲望，而是出于学校"安排"或者"引导"的、与"人品"教育有关的"社会实践"课程，不排除对主流意识形态的"迎合"，因为真正的"自由"的"兴趣"都是非常"个性化"的，不可能 5 个同学完全相同，而且"个性化"的"兴趣"与人一起做就会索然无味，同时这种学校安排的"集体化"的行动也不利于培养学生真正的创造性。因此，它与伊顿公学那个学生对"西安事变"的兴趣不可同日而语，它们完全是两种不同的教育观念和教育模式下的产物。尽管它们都是个案，但这样的个案包含着深刻的必然性和普遍性。

当伊顿公学的校长再次举例说，就在美国攻打伊拉克期间，有 5 个学生情绪激动地跑来找他，要求他批准他们去参加反对美国攻打伊拉克的在议会门前的游行，他当时非常为难：如批准，担心许多新闻媒体的报道和批评；如不批准，又怕学生非常失望，事实上会伤害学生的独立、自由、正义、热情的"现代人格"和"社会责任感"，但最后他还是批准了学生游行的请求。这一事例可以再一次让我们明白，什么才是现代教育观念和现代教育模式；也可以再一次让我们看清中国教育包括小学、中学、大学的深刻危机，这种危机不仅仅是指我们的教育不容易培养出人类杰出的政治家、艺术家和科学家，尤其是艺术家和政治家，而且更重要的是不容易培养出具有独立、自由、正义、尊严、热爱真理和生命的"现代人格"的普通人。

今天在审视我们的"好学生"标准和教育危机的时候，我们更应该看到它们背后的深刻根源——那种尚未在现代文明中"脱胎换骨"的中国传统文化，它在根本上决定着中国教育观念。中国教育的危机，实际上是中国文化的危机。因此，拯救中国教育危机的关键在于，要用现代文化重新确立中国教育的现代观念、现代理念和"好学生"的标准，而这个标准在现代文明的视野中的指向就是——"现代人"。

第二章　好学生是教出来的

在过去的近 1/4 世纪里，雷夫·艾斯奎斯（Rafe Espuith）几乎把大部分时间都花在了位于洛杉矶市中心的一间教室里。这间 56 号教室又小又破，高达 90% 的学生家庭贫困，且多出自非英语系的移民家庭。可是，就是在这样恶劣的环境下，雷夫老师独创的阅读、数学等基础课程深受孩子们喜欢，他们如着迷般每天提前 2 小时到校，放学后数小时内仍不愿离去。在这里，学生不仅能在全国标准化测试中取得高居全美标准化测试前 5% 的好成绩，他们的品行也发生了令人惊异的变化，个个谦逊有礼、诚实善良，长大后他们纷纷顺利进入哈佛、普林斯顿、斯坦福等美国的常春藤名校，一时间成为美国教育界的佳话。雷夫老师创造了轰动全美的教育奇迹，被《纽约时报》尊称为"天才与圣徒"。

雷夫·艾斯奎斯 1981 年毕业于加州大学洛杉矶分校，25 年来，他一直担任洛杉矶市霍巴特小学的五年级教师。该校是美国第二大小学，位于贫民窟中心，高达 90% 的学生家庭贫困，且多出自非英语系的移民家庭。该校实行包班教学制，即由一个老师教授所有的课程。很多学生在一至四年级时并没有打下良好的基础，担任五年级教师的雷夫老师每年接收的，都是一群学习成绩偏于低下的学生。雷夫自己坦言，刚开始教学的几年中，他心中充满了疲倦和挫败感，甚至质问自己还要不要继续当老师。但是，在接受脱口秀女王欧普拉采访时，他告诉大家，一件小事改变了他的教学生涯。

多年前的一天，雷夫决定花一整天的时间留心教室里的一个女孩。她非常安静，看上去好像已经接受了自己永远也不会出人头地这种想法，雷夫下定决心要让她相信她这样想是错误的。当时雷夫正在上化学课，学生们因为使用酒精灯变得很兴奋，那个女孩却找不到灯芯点燃酒精灯。班里其他人想继续做实验，但雷夫让大家等一下，即使女孩让老师和其他人继续做实验，不要担心她。雷夫弯下腰来，尽可能地靠近灯芯。灯芯被他点着了，但孩子们却指着老师大叫起来。雷夫后来才意识到，在点灯时火焰烧到了他的头发。好几个孩子朝他扑过来，抢起胳膊使劲地打他的头。几分钟后，一切处理妥当，实验继续进行。在那时，雷夫觉得当老师棒极了，"我做了自己力所能及的一切事，去帮助别人。虽然我做得不是特别的好，但是我的努力是显而易见的。我对自己说，如果我能如此投入教学，甚至连头发着火了都没有注意到，那么我前进的方向就是正确的。从那一刻起，我暗下决心永远全心全意投入到教学中。"

孩子们在家里或者课堂上规规矩矩，是因为他们特别懂事吗？雷夫老师说并非如此，许多孩子表现得很规矩，是因为他们有恐惧的心理。雷夫认为，单纯的恐惧，是不足以在老师和学生之间建立良好的关系，所以每当接收一批新学生，他要做的第一个工作，就是建立起与学生的信任关系。这个关于信任的例子，是雷夫经常提到的——

一天雷夫在教室里收集家庭作业。孩子们应该已经完成了简单的《疯马酋长》填字游戏，但这时丽莎却找不到她的作业了。雷夫看着她慌乱地翻着课桌里的几个文件夹找自己的作业。她感觉到老师站在背后，所以继续拼命地搜索着丢失的那一页作业。

雷夫：丽莎？

丽莎：雷夫，再给我一分钟。我带了，我做了，求你了……

雷夫：（温和地）丽莎？

丽莎：求求你了，雷夫。我真的做了！（仍然在拼命地找着）

雷夫：（几乎在唱了）丽……莎？

丽莎：（停下毫无结果的寻找，抬起头）什么？

雷夫：我相信你。

丽莎：（沉默——不相信地盯着老师）

雷夫：我相信你。

丽莎：真的？

雷夫：（温和地，面带微笑）我当然相信你，丽莎。我相信你已经做了作业。但是你知道吗？

丽莎：什么？

雷夫：我想我们有一个更大的问题。

丽莎：（温顺地，长时间停顿之后）我没有条理？

雷夫：说得对！你需要更加有条理些。确实是这样。现在，从这里找两个你信任的朋友怎么样？

丽莎：露西和乔伊斯。

雷夫：好。今天午饭后，让你的朋友帮你重新整理一下你的文件夹怎么样？可以吗？

丽莎：（松了一口气）好的。

雷夫随后总结说："在几分钟的时间里，我从丽莎可能的对手变成了她可以信任的老师和朋友。全班学生都注视着我的一举一动，他们看到了我是一个通情达理的人。这就是你建立信任的机会。在那年的其余时间里，丽莎再也没有落下过一次家庭作业。"

从上面这个故事，我们看到老师力量多么巨大。而如今，耳边不乏有另外的声音在说，"好学生不是教出来的"，在此，我们不妨以辩论的方式来探讨这个问题，让观点碰撞，使道理明晰。

第一节 反方：好学生是导出来的

辩一：我们不需要如何如何去教

当别人告诉我，你班某某同学考了 100 分，你班的数学竞赛获奖人数又最多……听到这些，我心里自然高兴。但，我一直认为，好学生不是我教出来的。

一个班的学生，我是一样的关心呵护，一样的施教，相反在不同程度的学困生的身上花的精力更大，可为什么成绩不一样呢？可见，好学生不是我教出来的。

一个好学生必须具备两个条件：首先是要有学习天分，譬如智力因素。其次要有学习的欲望。学习的天分不是人人都有，所以我们在教学的过程中要尽力的扶持差生，尽最大的努力让他懂得最基本的知识与算理，至于他的考试成绩不是很理想，你不要担心，因为天生他材必有用。

作为教师，能收一个有天分的孩子为学生，是他从事教育工作的骄傲。对于一个有天分的学生，我们不需要如何如何去教，我们不妨从以下几个方面来导：

（1）不要老让他们摇头晃脑地背"一元等于十角，一角等于十分""鹅，鹅，鹅，曲项向天歌"这些简单的东西，这些知识不需要我们去

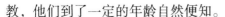
教，他们到了一定的年龄自然便知。

（2）用一种"疑惑式"的教学方式来教育他们。他们的悟性很高，我们没有必要把某个知识点讲透，要让他们自己去研究、探索、交流，这样经历了知识的获得过程，知识的掌握就比较牢靠，应用就比较灵活。

（3）学习的味道是思考，没有思考的学习是毫无意义的。因此，教学中要重视学生思维能力的培养，一个好教师不是交给学生问题答案；而是让学生自己去寻找问题答案；一个好教师不要怕学生思维出错，而是让学生在错中找出原因，错中闪现精彩。

（4）要给这样的学生时间和空间。这样的学生，他们能很快的完成你的教学任务，作为教师，你不要再机械的重复那些他们已经掌握的东西，不妨让他们多看看课外书，比如给他们推荐好的健康的文学读物，开发智力的有价值的奥数书，课外英语阅读等等，更能激发学生的求知欲，更能锻炼学生的自学能力。学生有了这样的自学能力，就能达到"教就是为了不教"的教学效果。好学生虽然不是我们教出来的，但他们需要我们正确的"导"。

辩二：好学生是导出来的

俗话说："亲其师，信其道。"对于低年级学生来说更显重要，如果你能"哄"着他们喜欢你，亲近你，我认为也许你的教学水平不太高，脾气不太好，他们也爱听你的课。

教师常说这样一句话"好学生不是教出来的"，那好学生是怎样形成的呢？听一位教育界前辈说，他思考了几十年，才得出了下半句"好学生是导出来的"。此处的"导"是"启发、引导"之意。他说：学生良好的行为习惯、学习方法，其实都是老师、家长正确引导得来的。

教师是学习活动的组织者和引导者。"引导"二字看着简单做起来难。我们从哪些方面引导，如何引导才能达到最好的效果，让自己的学生尽快成为"好学生"呢？这是我们要着重考虑的。

辩三：让孩子自由成长

曾听说这样一件事：一个学生上课不认真听讲，课后老师把他请到办公室，准备谆谆教诲一番，没想到学生竟语出惊人："老师，你以为你教得好，我就学得好吗？即使我考试得到高分，也不是因为你教得好，而是我学得好。"老师当时气得话都说不出来，连连感叹现在的孩子不懂事。

但冷静下来后，老师想了想，觉得这位学生的话也不是没有道理。当今社会，学生获取知识渠道的多样化，导致教师作为学生知识唯一来源的地位已经动摇，同时也导致"教师主导，学生主体"的教学模式发生了根本性的改变。

由于主导作用的变化，教师的职能已不再是单纯地向学生传授课本知识，而是要教给学生如何获取自己所需要的知识，如何掌握获取知识的工具，以及学会如何根据认知的需要去处理各种信息的办法。也就是说，教师的主要任务再也不是传授知识，再也不是"教"，而在"引"，在"导"，应成为学生学习兴趣的激发者、辅导者、各种能力及良好个性的培养者。

某地某高级中学因语文教师缺编，新招收的高一两个班的语文课没人教，暂时又找不到合适的人代课。于是学校在征得学生同意后，决定在没有找到合适的代课老师前这两个班的语文由学生自学，学校只委托其他班级的语文教师为他们编制自学计划和讲义，并负责在课余时间解惑答疑。正当学校为此感到歉疚和担忧的时候，期中考试来临了，两个班的学生与其他学生一起参加了考试，考试结果竟让学校领导吃了一惊：他们的语文成绩并没有低于有教师正常授课的其他班级学生的平均成绩，而且略有偏高。

好学生是教出来的

这就是我们教师每天付出巨大的时间和精力的课堂教学的成果吗？教师交出来的成绩并没有比学生自学的成绩高出多少，问题出在哪里？教师在教学过程中究竟担负着什么样的角色？教师在学生的学习中起着什么作用，又起到了多大作用呢？真的像华生所说的"给我一打孩子，我可以把他们变成科学家、政客、小偷、乞丐"那么神奇吗？未必！

教师的真正作用是什么？一千多年以前，韩愈老先生说："师者，所以传道授业解惑也。""道"何以传？"业"何以授？"惑"何以解？其实就是要启迪孩子的灵性，就是要给孩子提供一个施展他们自己的个性、特长和天赋能力的环境。而不是把自己当成训练者，一手拿着训练的鞭子，一手端着盛知识的饭碗，大声对学生说："吃吧，不吃会饿死你的。"有的学生胃口大，吸收好，吃得欢，老师就喜欢；有的学生因为各种原因吃不下，教师就不喜欢。我想，如果我们的教师都这样，那还不如不要教师的好。让我们的孩子自由成长，让山川、河流、图书馆、讲座、各种各样的活动做教师，而不用那些只懂得用考试、升学给学生加压的人做教师。

教育家阿莫纳什维利说："孩子来到学校不只是为了学习，也是为了和同伴会面，和他们一起玩，彼此交换新闻乃至新玩具……孩子永远不会丢掉那些使他兴奋的、使他忧伤的、使他快乐的以及他希望得到的东西。"因为，除了课堂，孩子们只有在火热而真实的社会生活、教育生活和家庭生活中，才能完善其人格的发育。

教师的责任是什么？不是考试，我们不要把目光仅仅盯在孩子的考卷上。考试分数只能说明教师作为一个训练者的训练成果，说明不了孩子的成长质量。而当我们把作业、考试、升学等等作为促进学生成长的手段甚至当做教育目标来追求的时候，我们失去的恰恰是为师者的责任！

第二章　好学生是教出来的

第二节　正方：好学生是教出来的

辩一："教"使每个孩子得到发展

教师们在教学中或许都曾遇到这样尴尬的局面：孩子学习成绩好，每个人包括家长和学生自己都会认为是孩子自身优秀，和老师教的关系不大。然而，如果孩子学习成绩不好，每个人包括家长和学生自己都会认为老师不怎么样。如是这样，家长、学生，包括做老师的，是不是应该扪心自问：既然好学生不是教出来的，那老师每天辛辛苦苦地都在做什么？

认为好学生不是教出来的这一观点的人们，可能把重点放在了"教"这个字上。他们认为："好学生不是老师教出来的，是老师鼓励表扬出来的，是学生自己学出来的，任何知识与能力都是学生自己学会的，而不是教师教会的。"那老师的鼓励和表扬是什么？请不要忘记，自古以来就有因材施教一说。对不同的孩子采取不同的教育措施，无论老师怎么样做，只要能使孩子得到发展，就是教育的投入得到了产出。教无定法，贵在当法。老师千方百计寻求教育孩子的办法，这难道不是教？

"每个学生都是为了得到老师的赞美才来到学校的。生活在鼓励赏识之中的学生，他们便会充满着自信，成长中的学生特别需要鼓励和表

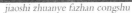

扬。在鼓励和赞扬中，他们会探索到更多的东西，会鼓起勇气往前走。那些受挫折的学困生更需要老师换个角度去认识，去激起他们改变自己行为动机，使他们体验到成功学习的乐趣，重建自己的形象。"老师的赞美使学生得到自信，使孩子充满了前进的勇气和力量。孩子得到的，正是老师所付出的辛勤和劳动，正是老师的创造与付出，这难道不是教？

教师在工作中为了孩子们的发展所采取行为就是"教"。认认真真地教，踏踏实实地教，快快乐乐地教，千方百计地教，富有成效的教。正是千千万万的教师的辛勤劳动，才使我们的国家和社会各行各业都活跃着有知识有能力的中坚力量。

所以怎么能说好学生不是教出来的呢？好学生就是老师教出来的！

辩二：轻松做老师 教出好学生

学生的优秀是教育出来的，每个孩子都有其独特的天赋和可塑性，只要让他们置身于教育的氛围中，只要让他们感觉到是快乐的、被爱的、被需要的，即使是问题学生也能培养好。

罗曼·罗兰曾经说过，要播撒阳光到别人心里，先要自己心里有阳光。作为教育者，教师在教育活动中占主导地位，让教育变成快乐的事情，首先要老师快乐，这样学生才会快乐，教育才会快乐！

轻松做老师，教出好学生。教师不快乐的一个原因是机械式的工作磨灭了兴趣，要解决这个问题，我们就要洗脑，要让自己有新的教育理念。

1. 自主施教，激发热情

要做到自主施教，激发热情，首先要热爱和喜欢目前的工作。一个人只有热爱自己的工作，才能在工作中作出不凡的业绩。而有了业绩，自然会更加喜欢自己所从事的工作，这样就会良性循环：喜欢做——努力做——取得业绩——感到开心——越发喜欢做——越发努力做——取得更多业绩……

要解决这个问题，自然是放弃机械式的工作方式，让教育工作富有

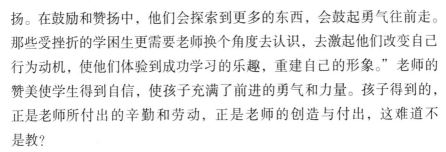

创造性。因为谁都知道，这种机械式工作方式不是说改变就能改变的，大的教育模式一时改变不了，我们可以从个人的微小处进行改变。哪怕一天改变一点，一天收获一点快乐，也算是有成效，也算是有了改变。

不要带着为别人工作的思想，树立自主教育的观念，如此才会提高自主性，克服被动性、盲目性。既然自己是教育的主角，那么有什么好的创意、新的想法就投入到教学工作中。也许在摸索中会有失误，并因为失误而导致学生暂时后退。但是，要坚信后退是为了更有力的前进，只要自己坚持努力，退步的局面会很快得到改变。

教学观念陈旧的老师，是不可能培养出理念超群、创造力非凡的学生的，也是不可能在新形式下感受到教育的快乐的。而当你尝试接受新的教育理念，进行新的教学活动，你会为置身新的生活层面而心生新意，并为之惊喜。

总之，快乐需要我们自己去寻求和创造。尤其在机械工作的状态下，更要有制造快乐的能力。不要只想着依赖外界因素来激发自己的工作热情，也要学会自己激发。如果每年都给自己在教学上定一些小目标，当达到目标后，总会带着更大更多的快乐和幸福感去追寻着下一个目标。

2. 付诸爱心，爱岗敬业

在 20 世纪 80 年代，那句"只要人人都献出一点爱，世界将变成美好的人间"唱火了大江南北，也唱出了人们对爱的呼唤。教育更需要爱，只要人人都献出一点爱，教育将变成美好的乐园！

一个有魅力的老师，一个成功的老师，不在于教出多少高材生，而在于他心里永存着爱，对教师这一职业的热爱，对学生的热爱。

也许终日的备课、讲课、考试，日复一日年复一年，既单调又枯燥劳累，生活一点没有波澜，久了难免没有了激情，如果再遇到不听话的学生，那就更难以对这份工作生出爱意了。但换个角度，从提高我们自身的生活质量来谈，想一想，谁愿意一辈子生活得不快乐？如果你确定不可能再换工作，一辈子都要当老师了，那么不热爱这份工作，岂不是

好学生是教出来的

每天都在痛苦中度过？

所以，为了不让自己每天都痛苦的活着，我们要想办法激发工作热情，为自己创造工作动力，创造幸福感，否则那是自己和自己过不去。珍惜自己所拥有的，做好自己的本职工作，并且在最有可能求得发展的方向上做出切实的努力，这是一种生活的智慧。

对于教师这一职业来说，爱工作的一个具体表现，就是爱学生。"爱的力量是无穷的"，在这样的状态下，学生的学习状况很容易就能达到我们所要求的层面。这比拿着教鞭呵斥、逼迫孩子去学习要轻松快乐得多，效果也好得多，你付出了爱，换来了自己想要的教育成果，你会很快乐。

爱在很多时候并不是轰轰烈烈的壮举，而是点点滴滴的细节。有时候一个微小的细节，一个不经意的动作，都是爱的语言、爱的表达。如"蹲下来跟孩子说话"、"注视孩子的眼睛"、"抚摸孩子的头"、"给孩子一个拥抱"、"给孩子出错的权利"等一系列行为都像太阳一样播撒阳光，给孩子以温暖。

这些说起来容易，做起来很难。尤其遇到那些调皮捣蛋，甚至故意和老师作对，以让老师生气为乐的孩子，遇到这种情况，要学会和学生的家长换位思考。想象一下，这个让你生气、爱不起来的孩子就是你的孩子，作为母亲，你希望老师怎样对待他？如果你的孩子被老师厌恶、反感，得不到老师的爱心，那是怎样的心境？如此一换位，你的气保准就生不出来了，而且会激发出爱心来。

辩三：班上的后进生，不教是什么结果？

对班上的后进生，不去管他们行吗？不去教他们，结果会是什么？此时教师的责任在哪里？我们来看看下面这个案例：

2005 年孙娟大学毕业后来到广州市聋人学校工作，初来乍到，就当了七年级二班的班主任。这个班是学校的口语班，学生能力素质都不错。这样有潜力的班级为什么交给一个新手来带呢，后来孙娟慢慢地了解到，由于种种原因，虽然这个班的学生才七年级，但孙娟已经是他们的第八个班主任了。

作为第八任班主任，孙娟有些担心，生怕接手后会出现什么问题。刚开始的两个月，学生学习很主动，劳动也积极，表现非常好，和传闻中的七二班情况大不一样，孙娟很疑惑，难道是学生上了初中都变得懂事了？正在孙娟暗自高兴之时，有经验的老师告诉孙娟："这是学生的一种假象，因为你是新老师，学生对你不了解，在你想了解他们的同时，他们也在尝试你的性格、脾气、管理方式等。"孙娟这才恍然大悟，树立班主任在他们心中的威信迫在眉睫，一个班主任如果在学生心中没有威信，学生工作将很难做。虽然孙娟意识到了，但时间上还是慢了一步，差不多两个月的时间一过，一些学生开始耐不住了。

有一次，孙娟正在上数学课，当她在黑板板书的时候，总觉得有学生在说悄悄话，仔细一看却又没有，几次之后，孙娟觉得很奇怪，好奇心让她决定探个究竟。孙娟盯上了班上的两个同学，也就是传闻中的两个人物，一个聪明伶俐，精力充沛，是班上有名的小滑头；一个头脑简单，但重意气。慢慢地，孙娟发现这两个同学经常混在一起，平常以"铁哥们"相称，二人平时都不怎么喜欢学习，无视学校纪律、班级条例，于是班上经常发生一些破坏纪律的事情，严重影响班级荣誉。调查事情的结果表明，往往是小滑头充当领导者，爱出一些鬼点子，和他所谓的哥们一起搞破坏，但事情总有败露的时候，一旦被老师发现，领导者马上把责任推开，抽身而出，把一切留给他的"哥们"，他的这位哥们很讲意气，主动把一切承担下来，任凭你老师怎样教育，他的态度是无所谓。后来，孙娟才了解到，这个学生在班上一直也是个老油条了，很多老

好学生是教出来的

师都拿他没办法。孙娟暗下决心，不能让他们这样下去，一定要想办法纠正两人的行为，思来想去，孙娟觉得最好的方法是先让二人保持距离。然而，二人很快就意识到了老师的意图，于是更加地团结起来，看来，要想把小滑头和老油条彻底分开，并不是件容易的事。

"晓之以情，动之以理"的思想教育是远远不够的，第一次回合，孙娟败下阵来。怎么办呢？同学们都在看着事情的结局，这件事不解决将直接影响今后大家对孙娟的信任度，班务工作也将难以开展。孙娟决定先整理一下自己的心情，对这件事"冷处理"。

连续两个星期孙娟没有找这两位同学谈话，孙娟深知一个人的力量是有限的，她要集中班级力量去熏陶他们、征服他们，于是召开班干部会议，孙娟把想法告诉大家，希望一起寻找能让二人改过自新的良药。

"干脆我们做好自己的，别管他们了。""我们大家一起不理他们。"……班上同学讨论热烈之际，孙娟突然想出了办法：挑拨离间。"能有善意的谎言，为什么不能有善意的挑拨离间呢。"孙娟把想法讲给班干部听，大家都表示赞成，决定尝试一下，交代好保密工作后，接下来大家分工行动。

掌握他们的第一手资料后，孙娟心里踏实多了，她决定再一次找他们谈谈。有了上次的经验，孙娟先找来老油条，因为相对来说他的思想单纯些，孙娟知道他喜欢体育运动，就和他聊篮球NBA、体育明星，让他思想上放松警惕，慢慢地聊到了他的一些所谓的秘密，他当时一下镇住了，问老师是怎么知道的。孙娟一看机会来了，马上反问他："你想想你的秘密都告诉过谁？""老油条"虽然没有直接说，但显然已经明白了怎么回事。另外，孙娟还掌握了这个学生平时比较贪吃的特点，于是在办公室经常放一些吃的，作为给他的慰问品，俗话

说，"吃人嘴短，用人腿短"，慢慢地，这个学生和孙娟的关系越来越好，这让他的兄弟很气愤，觉得他不讲意气，钢铁关系也很快瓦解了。

事情终于解决了，班上破坏纪律的事情越来越少。随着时间的流逝，这两个学生改变了很多，一个把精力用在了学习上，努力争取好成绩；另一个则做老师的助手，服务同学，协助老师做好教学工作。

好学生是教出来的，如果没有老师的引导，两位同学可能还在调皮捣蛋。在学生成长的历程中，老师的引导和言传身教是重要的。因为一位好老师，可能会改变一位或者很多位同学的人生航向。老师是灯塔，照亮了学生们前进方向。

第三节　好老师教出好学生

教，《说文解字》解释为：会意字，从攴（pū），从孝，孝亦声。"攴"，篆体像以手持杖或执鞭。在奴隶社会，奴隶主要靠鞭杖来施行他们的教育、教化。本义：教育，指导。教者，上所施下所效也。《礼记·学记》解释为：教者，长善而救其失者也。

《现代汉语词典》中"教"有两种读音，"jiao"读一声时，其意为：把知识或技能传给人，可以组成词语：教书，教学生学习功课；教学，教书。而"jiao"读四声时，其意为：①教导；教育。②宗教。可以组成词语：教导，教育指导；教学，教师把知识、技能传授给学生的过程。

总起来看，教的本义为教育，指导。教育什么？指导什么？其范围是很广泛的：应该掌握的知识，应该掌握的技能，应该学会的礼仪，应该学会的做人的道理等等。在这里，就为两种观点划上了等号——不管是手把手教知识，还是点拨指导技能，还是训练掌握礼仪，还是熏陶感染做人的道理，老师都是发挥了作用的——天分好的，老师用力可能少一些，天资差的，老师可能用力多一些，但是不管天资差别大小，老师的作用还是明显存在的。

有人说，"好学生"不是"教"出来的，是"导"出来的，是

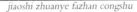

49

"育"出来的。不过，从"教"的本义看，"育"和"导"是"教"在施行过程中的不同行为，"育"在长善救失，"导"在上所施下所效也。也就是说，教给学生知识技能是"教"，熏陶感染学生的人格礼仪也是"教"。因此，我们大可不必为此而争论什么，其实就是一条原则：因材施教。对天资聪颖的学生重点施以"导"，而对天资欠缺的孩子则要不厌其烦的施以"育"，甚至手把手的"教"。

1960 年，哈佛大学罗森塔尔博士曾在一所学校中做过一个著名的实验。

新学年开始时，他让校长把三位老师叫进办公室，对他们说："根据过去三四年来的教学表现，你们是全校最好的老师。为了奖励你们，今年我们特别挑选了三班全校最聪明的学生给你们教。这批学生的智商比同龄的孩子都要高，希望你们能有更好的成绩。"

老师们表现出掩饰不住的喜悦。临出门时，校长又叮咛："要像平常一样教他们，不要让孩子或家长知道他们是被特意挑选出来的。"

一年以后，这三班的学生成绩是整个学区中最优秀的，比平均分数值高出 20% ~ 30%。

这时，校长才告诉老师们真相，这些学生并不是刻意选出来的，而只是随机抽选出来的普通学生。三位老师万万没有想到事实会如此，只有归功于自己教得好。

校长不好意思再告诉他们另一个真相：他们三个也是在教师中随机抽出来的。但整个结果就如博士所料：这三位教师觉得自己很优秀，充满了信心与自豪，工作中自然也就格外卖力气，而且他们认为学生也是好学生，肯定会有好的结果。结局自然就皆大欢喜，全都真的优秀起来。这个小故事事告诉我们：别人的表扬与期待，自我肯定的心理暗示，都会使普通的

好学生是教出来的

日子变得更加阳光灿烂。

好老师教出好学生。我们要相信孩子身体中潜藏着的成长的动力，相信人与人之间积极的影响与美好的交流。

做个好老师，其实很简单！

清晨，当你走进校门，面对扑面而来的一声声"老师好"、"老师早"的问候，真诚地回敬一声"你好"、"你早"，而绝不是目不斜视，充耳不闻，置孩子的真诚若罔闻。

办公室里，一声"报告"，学生走进来之后他看到的是你在安安静静地备课，批改作业，而不是轰轰烈烈的谈笑吵闹。

大课间，当学生在操场上顶着烈日跑步或做广播操，即使你的动作再笨拙，也能坚持和他们一块儿进行，而不是站在树荫下谈笑风生。

劳动中，当学生汗流浃背，埋头苦干时，你能拿起工具走进他们中间，而不是空着两手，指指点点。

家长会上，面对不同类型的家长，不管是贫困的，还是富裕的，你能不能不卑不亢，一视同仁？

升国旗，当国歌响起时，学生肃然而立，你是不是也站得笔直，肃然起敬？

走廊上，你会不会弯腰捡起一片纸屑？

餐厅里，你是否也把整个的馒头、大盘的剩菜倒进了垃圾桶？

课堂上，学生能不能从你的眼睛里读到真诚，读到关爱，读到感动，读到自信和灵动？

你的办公桌上，物品的摆放是不是井井有条？你身边的垃圾框中，是装满了废纸还是散发着酸臭味的果皮？你的语言是否文明，你的衣着是否端庄整洁？

……

教育是一种影响，品格是一种熏陶，一个好教师，一定是一个品格高尚的人——他对生活的态度，对学习的理解，对事物的宽容，他的坚强意志，他的敬业品质，他的纯净心底，都能了无痕迹却又清晰鲜明地刻印在学生的心头。这种教育或许不在课堂，更无法用考试成绩来衡量，但它却是一切教育的基石，任何教育的力量都将从这里发生，任何人类的伟大和创造都将从这里起步。

好学生是教出来的

第四节 "严师出高徒"已过时?

生活中教师的地位在提高,人们也越来越关注教师的一言一行,经常会听到人说,某某老师要求学生很严格,把孩子放在他班放心;或者说:"老师呀,我把孩子教给你了,你就严格要求吧。"而教师们却发现:严格要求"不好使"了。

一提起"严师出高徒",在人们的脑海中,便浮现出教师的这样一种形象:在学生面前个个脸似包公,声如洪钟,采取高压政策,动辄抽打学生,令学生在其面前大气不敢喘,见之便筛糠,并且教师还洋洋自得。那么,是"严师出高徒"这一观点错了吗?

我们先来看一位教师是如何认识这个问题的:

我是教政治课的,从教十余年来听到、见过、亲历的烦心事、伤心事、气愤事是三天三夜都说不完。政治课学生很少重视和喜欢,上课时学生睡觉、说话嬉笑、看杂志小说、吃东西甚至听MP3的事情经常发生。对这些错误,我从不放任。刚参加工作的几年,我对学生是很严厉的,常常批评学生。遇到抽烟、打架、考试作弊等事情还会打骂学生。我曾经一巴掌把欺负同学的一名学生打得口鼻流血,曾经与学生吵闹过,也曾经因打学生发生过难堪的事情,但我严格要求学生,对学生的错误批评教育始终没有放弃，只是后来不打骂了，在教育方法上不再粗暴了，而是在尊重学生人格、平等的基础上讲道理说服学生，履行自己的职责。有时候我也想：教育不是万能的。那些品德低劣、不思学习的学生靠自己的一时之教、一己之力就能够起作用吗？大学生偷盗、抢劫、杀人的事情不是也有吗？

然而我是老师，我不能推卸自己的责任。如果老师都只教书不育人或自己粗俗卑劣、品行不端，能培养出好学生吗？或许学生不理解甚至怨恨批评打骂自己的老师，但大都能明白老师的苦心。每逢节日收到远方学生的问候、礼物，那些曾经遭受的误解、尴尬、委屈就被幸福赶走而心空灿烂！

哲学上讲，内因是根据，外因要通过内因起作用。在学生成长进步的道路上，老师和学校确实是外因，但这个外因太重要了。即使比我的个头还高的学生，他们良莠不分，心智尚未成熟，可塑性强，受老师的影响很大。"严师"未必会出"高徒"，但一定会少出"劣徒"、"恶徒"。古人正是认识到老师的重要作用才用"严师出高徒"来教育为师者的。

"十年树木，百年树人"。教育是神圣的事业，来不得半点虚假、随意和放任。每个人一生中总会遇到许多老师，而能让自己终身难忘的必定是那些品德高尚、敬业乐教、严格要求并且悉心教导学生的老师。有的人就是因为个别老师的教育而人生发生改变，走上成功道路的。老师的责任可谓大矣！

新时期强调学校的管理要人性化，在这样的背景下，批评学生是"出力不讨好"的。但是，我还是要说，没有批评和惩罚的教育是病态的教育，"不依规矩，不能成方圆"，我们应该通过严格的教育使学生分辨是非，明白美丑，懂得善恶。因为，老师的道德和责任是社会的良心！

我们再来看一位"严师"的说法：

我是一个有31年教龄的女教师，以"严"而出名。

自我以"严"出名后，不管什么样的学生只要到我班上就变了，头发自愿剪短，衣服大众化，再懒的学生、再不认真的学生做作业书写工整……我管理的班级一般都是同年级中各方面（包括学习）表现最好的那个班。那么，我究竟是怎么做的呢？

我哄吓软硬兼施，奖惩说理并用。每一届学生进班的第一个晚自习，我都要训话，说："同学们，大家都知道我是严师吧？（其实有些同学也未必知道)。"对爱学习、听话、守纪律的同学我是慈母，这样的学生会成为同龄中的优秀者，老师称赞你，家长夸奖你，同学美慕你；对于调皮的、不守纪律、不遵守《中学生日常行为规范》的学生，我会天天教育你，还会惩罚你。

进校第一个月，我要做三件事。一件：头发剪到位，男生基本上剪小平头，我称这种头发为学生头，女生头发要么扎起来，要么短头发，必须把眉毛、眼睛、脸露在外面。先自己剪，不到位我领着去，不肯的通知家长。二件：上课坐姿端正，听课左手按书，右手握笔，随时记笔记，无一人例外（除非身体有残疾例外），无一科例外。三件：无论你的作业对错，字是否漂亮，态度必须端正，书写工整。这三件事，一件事达不到要求，管他谁求情我都不依不饶，无一人特殊。我的严和硬在此就体现出来了。第一届难一点，有时需要多作些解释和宣传，一旦形成印象，学生一进我班自然而然地就做好了，因为他们知道，不做好进不了班，不做好不行。这些工作基本上没什么难度了。

除了硬、吓之外，我还有奖、惩。对于学生做的作业和写的作文，我不仅每次必改，而且每次都要分出好、中、差，好

第二章 好学生是教出来的

的表扬，差的鼓励（态度不好的惩罚，要么重做，要么背书，你不会写，就读，不会读的老师先领着你读，然后自己读，各科都一样，硬是不听者我和家长一起看到他做，这种情况极少，但我也遇到一例）。

三年每周坚持一评，评出学习努力、认真、有进步的，评出遵守纪律、各方面表现优秀的，评出本周在各方面有进步的，评出在本周表现很差的同学……学生一进班，我就设置一张表格，三年的表现情况（具体到每周）都在这张表上一目了然。好的贴上了红旗，差的贴上蓝旗，表现差4个星期贴黄牌警告。学生无记名评选，我绝对做到一视同仁。每到学校或更高一级评优秀学生、三好学生……凡是学生的荣誉称号，我和全班同学就直接在这张表上数红旗，从高往下取，谁的红旗多谁就先上，无一人例外。

所以多年来，我带的班基本上是学风好，班风好，最后成绩也好。我认为一个好的班主任不仅对学生要"爱"，也要"严"。

看完上面两位老师的说法，你是否认同"严师出高徒"的说法？如果教育失去"严格"的一面，会是什么样子？

素质教育改革日新月异的今天，"严师出高徒"这一传承千年经典论断，遭遇了"慈师出高徒"的巨大挑战，许许多多的教育实例说明，这是一场没有胜负的对决。"严师"严在当严处，爱在细微中，坚持尊重的信念，耐心的引导，智慧的教育方法，就能成为学生心目中的"慈师"，收获教育的成功。无论是"严师"还是"慈师"，要想出高徒，必须建立在爱和尊重的基础上。

我们回忆自己的学习生活时，总是十分怀念和感谢老师对自己的严格要求和谆谆教诲，深知自己的成长是同名师的指点和严师的鞭策分不开的。真正的严师，对学生必须"严而有格"。也就是在思想品质培养

好学生是教出来的

方面要有明确的标准；在文化科学知识的学习方面，要重视学生学习动机的端正，学习兴趣的培养，自学能力的形成，学习中不良习惯的纠正；是非善恶、美丑好坏之间，老师的判断应该具有鲜明性。

看来，"严师出高徒"并不过时，严还是要的，但要掌握一个度。严要严到什么程度，这是个科学的问题。

严是有标准的严，是在一定范围内的严，是符合教育规律的严，是有利于学生德、智、体诸方面都得到发展的严，决不能为摧残学生身心健康而严。这种原则就是成就高徒的前提条件。

真正的严师，对学生是"严而有方"。众所周知，处于学生时代的教育对象心理结构尚不健全，认识事物还不是很周密。这就需要教师用正确的，行之有效的方法加以指导。它要求教师熟悉学生身心发展的特征，对学生的要求要适当，符合学生的实际，避免简单和粗暴，也避免简单地加重学生负担，损害学生的健康。只要方法得当，高徒定能造就。

真正的严师，对学生必须"严而有恒"。"恒"，首先就是要求老师精心准备每一堂课、认真上好每一堂课、仔细批改每一本作业、精心辅导好每一节自习。其次教师在学校里的一言一行、一举一动，都潜移默化地影响着每一位学生。一般来说，教师自身正与不正，都会极大地影响学生的一言一行、一举一动。这就要求每一个教师切实加强自身修养，恪守学校纪律，用自己的一身正气和高尚情操，为学生做出表率。有这样的严师，学生的素质也不会低。

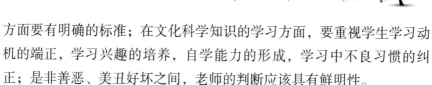

第二章 好学生是教出来的

第三章　教学生懂得爱

课堂上，一位老师问同学们："假如路边有只快要死的小猫，你们会怎么办呢？"回答有些出乎意料，学生们大多数赞成弄死它，有的还说出了具体的方法。

难道我们辛辛苦苦教育的孩子连最基本的爱都不会吗？他们不同情弱小，不懂得关爱生命，这样的人生会有意义吗？

一堂作文观察课，老师带领学生们在操场上观察白杨树，忽然孩子们都笑了起来，原来是一个孩子把蜻蜓的后尾掐断，插上了一根草，看着蜻蜓艰难地飞，孩子们笑了。现在孩子们不愁吃不愁穿，父母宠着，老师护着，他们像一块永远也不会饱和的海绵一样，贪婪地索取爱，他们已不知道该如何付出爱了。

老师对学生们说："现在你把右手放在左手上，用大拇指和食指使劲捏自己一下，疼吗？"

"疼！"学生们异口同声地说。

"是啊，你们这样会疼，那么小猫呢，小蜻蜓呢，他们疼不疼呢？假如有人欺负你，你会伤心难过，那么你又怎么会对那些弱小的动物痛下毒手呢？"

学生们不说话了。

人之初，性本善。孩子们并不是缺乏爱心与善良，他们需要教育。

好学生是懂得爱的学生。我们要教会孩子爱世界，爱身边的人，爱惜生命，爱大自然的一草一木。学会了宽容与关爱，他们的生活才会是阳光灿烂的。

作为老师，仅仅教给学生识字算术是不够的，培养孩子健全的人格才是最重要的。学生的心灵是一张白纸，老师们要帮他们涂满爱。

第一节　教育的核心是爱

　　没有爱就没有世界。大作家雨果说："人世间没有爱，太阳也会死。"爱是人类最伟大的情感，也是人类最美妙的语言。

　　我们常常把美国的教育作为参照，那么，美国的基础教育的核心理念是什么呢？是爱。在美国，这种"爱"，来自于从小到大、刻入骨髓的宗教文化的熏陶，即博爱；来自于美利坚民族形成过程中，吸纳的法国启蒙思想：博爱、民主、平等。这种爱，是深刻、广泛、细腻、自然而然的；这种爱，是无私的、不求回报的、令人难以忘怀的；这种爱，成为师生关系中最温暖人心的部分，是对学生人格、个性、发展给予高度的重视和充分的尊重，使美国的基础教育成为名副其实的"爱的教育"。

　　同样，我们也应该把"爱的教育"作为学校教育的核心理念。

　　开学第一天，上课已经有两三分钟了，一位母亲急匆匆地来到教室，原来一位同学的书落在家了。

　　快放学了，又一位母亲来到学校，要帮孩子拿书包，说孩子正在长身体，书包太沉，怕影响孩子生长。

　　天突然阴了，下起了阵雨，孩子们焦急地等待着……果然，全班 37 名同学，将近有 37 位家长冒雨前来送伞，送雨衣……

母爱如衣，如伞……我深深地被这些母亲无微不至的爱感动着。他们就像一个个娇贵的宠儿，在父母的百般呵护下，无忧无虑的成长，那该是一种怎样的幸福啊！

我灵机一动，何不让孩子们以"母爱"为题，写一写一直关心，疼爱，无微不至地照顾自己的父母呢？这种亲身经历的爱该是能够下笔千言的吧！

……

"我们的父母都是疼爱我们的，谁能说说父母对你们的爱？"

举手的寥寥无几，曾让我深深感动着的母爱难道在他们身上变得不值一提？也许……

我随口叫了一名同学。

"我觉得我的妈妈很爱我，有一次我发烧，妈妈急得不知怎么好，我看见妈妈都哭了……"

这一名同学的话语似乎也让其他孩子有所感悟，又有几个同学举手了。

"老师，那次我脚割破了，爷爷一直把我背到医院……"

"老师，那次我生病住院，妈妈守着我，整整一晚上都没合眼……"

……

孩子们的话匣子拉开了。是我错怪了他们，他们虽然幼稚，可母亲的爱还是触到了他们幼小的心灵。孩子们的脸上洋溢着幸福的微笑……

我没有打断他们，可我却有一丝的担忧：母爱在某些情况下也会变成一种伤害，在他们成长的季节里，母爱会不会变成束缚他们成长的溺爱呢？孩子们虽然体会到了那种无微不至的爱，可他们却不知道，在这些爱的背后母亲的期待……我想，

第二章 教学生懂得爱

这也许正是我所应该做的：我要让他们不光只是接受爱，同时也要成为爱的给予者。

正当孩子们沉浸于幸福的时刻，我又问了一句："哪位同学能说说你对父母的爱？"

教室里的沉静在我的意料之中，那些刚才还神采飞扬的面孔，此刻都深深地沉了下去，躲避着我的目光……

"同学们，我们的父母给了我们深深的爱，那么你准备怎么回报你的父母呢？你想对他们说些什么呢？"

孩子们纷纷举起了手……

教室里又出现了比先前还激烈的场面。孩子们并不是不懂得爱，只是母亲无私的爱从没有奢望过他们的回报。但孩子们对母爱的体会，对父母的一丝关爱，却可以让她们欣慰许久，也同时让母爱在孩子们心中成为一种动力：完成母亲的期待……

我为我的这一举动感到高兴，作为一名教师，在教给孩子们知识的同时，更重要的是让他们身心都能健康的成长，让他们在享受爱的同时，也能成为爱的给予者。我想这也是家长们的期待：期待孩子们在爱中成长，也期待孩子们在成长中学会爱……

一个15岁的重庆少年，只因为举止有些像女孩子，而屡遭同学嘲笑，终于他被激怒了，因为在课堂上被一个女孩子当众叫作"人妖"，于是他便在课间把那个女孩子骗到一个偏僻的角落里掐死了。这对两个人乃至两个家庭来说都是一场悲剧，而造成这场悲剧的根源又是什么呢？难道仅仅是这个少年行为过激，或者是那个女孩不该歧视他？问题似乎并不那么简单。

这类事件并不少，将造成这类悲剧的根源仅仅归结于肇事者个人性格的缺陷显然是不公平的，透过这些悲剧，让我们注意到了一个现实，

好学生是教出来的

那就是爱在现今教育体制下的缺席。我们虽然强调学生要德、智、体、美、劳全面发展，但唯独忽视的却是爱的教育。其实，爱的教育很简单，就是让孩子从学会爱身边的一草一木、爱身边的每一个人开始，告诉他们世间万物都有平等生存的权利，告诉他们懂得尊重每一个与自己不同的人。我们很难想象，一个连蜻蜓都不肯去捕捉的人会去杀人，一个连小兔子受伤都要给予包扎的人会歧视他人。

大教育家苏霍姆林斯基曾经说过："没有爱，就没有教育。"大凡从学生时代走过来的人都清楚，校园里总会有那么一些人，他们总是抓住一切机会羞辱他们可以羞辱的人，无所顾忌。而一些老师不但不去规劝反而纵容默许的态度，更是助长了这些孩子的恶习。我们甚至可以断言，这样的学生将来步入社会往往也都是心理阴暗、行为卑鄙的人。而这种现象绝对不是个别的、一时的，以至于我们不得不痛心地看到，一些在社会上爆发的矛盾，追根究底往往都肇始于校园。正是因为缺乏爱的阳光和雨露，才会滋生毒菌和腐草。

还是那句话：教学生学会爱。教师首先应该让学生了解爱的含义，让学生看到爱。老师永远都是学生的榜样，是一本最有价值的教材。

第二章 教学生懂得爱

我们班有一个叫王杰的学生。母亲生下他之后就离开了，父亲没有固定的工作，常年赌博，对于孩子，他从来都是不闻不问。刚开学的时候我发现王杰上课经常打瞌睡。于是我就利用放学的时候去进行了家访，这是我所有家访中印象最深的，因为我第一次碰到这么有"个性"的家长。他的蛮横无理让我两眼汪汪地离开了他家。至今我还记得他父亲的那句话："孩子没娘的，我要去赌博的，他当然没有人管啦！他读书会读嘛就读一点，不会读就不管他啦！"作为家长他说出了这样的话，那对于当时的我来说真的是很想放弃这个学生。

后来又发现这个孩子半个多月没有换过衣服，人也非常脏。我多次提醒王杰要勤洗澡，可是没有用。直到有一天，我提出要帮他洗澡，孩子才害羞地告诉我自己没有衣服换，甚至连内裤、袜子都没有。于是，我就给他买了新裤子、袜子，还向我们学校的老师要了几身她儿子的衣服给王杰换上。冬天，当其他孩子都穿得像个洋娃娃一样的时候，王杰还穿着薄薄的运动服，有一天他竟然因为太冷没衣服穿而没有来读书。那天我非常冲动，冒着雨去买了毛线，连续三天12点多睡，给王杰织了一条围巾送给他，当时孩子非常高兴。后来我又送给他冬天穿的毛衣和棉裤。王杰是一个学习不太好的学生，但是当我在呵护他的时候我能发现他对我的感谢，有一天他对我说："郑老师，你是对我最好的一个人，比我奶奶还要好！"

做老师的就是那么傻，孩子的这句话竟让我感动了老半天，对他父亲的埋怨也抛于脑后了。更重要的是，我让所有的孩子都感受到了爱的力量！

爱会让人变得可爱，可爱的人就会有一种因源于自身奉献而获得的幸福感，作为老师，我们希望每一个学生都能成为人材，为祖国建设做贡献，可是这毕竟只是一个愿望。但是我们可以真心希望每一个学生都有爱，会表达爱，做一个善良的人。

第二节　教学生爱自己

　　爱自己，是指有自我保护意识，有初步照料自己的能力，看得起自己，懂得自尊自爱。孩子只有学会了爱自己，才能逐步把这种行为迁移到他人身上，从而养成良好的行为习惯。

　　在美国一所普通的小学里，上课铃声响了，孩子们跑进教室，这节课老师要讲的是《灰姑娘》的故事，老师先请一个孩子上台给同学们讲一讲这个故事，孩子很快讲完了，老师对他表示感谢，然后开始向全班提问。

　　老师：孩子们，请你们想一想，如果辛黛瑞拉因为后妈不愿意她参加舞会就放弃了机会，她可能成为王子的新娘吗？

　　学生：不会！那样的话，她就不会到舞会上，不会被王子遇到，认识和爱上她了。

　　老师：对极了！如果辛黛瑞拉不想参加舞会，就是她的后妈没有阻止，甚至支持她去，也是没有用的，是谁决定她要去参加王子的舞会？

　　学生：她自己。

　　老师：所以，孩子们，就是辛黛瑞拉没有妈妈爱她，她的后妈也不爱她，这也不能够让她不爱自己。就是因为她爱自己，她才可能去寻找自己希望得到的东西。如果你们当中有人觉得没有人爱，或者像辛黛瑞拉一样有一个不爱自己的后妈，你们要怎么样？

学生：要爱自己！

老师：对，没有一个人可以阻止你爱自己，如果你觉得别人不够爱你，你也要加倍地爱自己；如果别人没有给你机会，你应该加倍地给自己机会；如果你们真的爱自己，就会为自己找到自己需要的东西——没有人能够阻止辛黛瑞拉参加王子的舞会，没有人可以阻止辛黛瑞拉当上王后，除了她自己，对不对？

学生：是的！

"我很不快乐。"一个女孩说。"为什么呢？""我总觉得自己不如别人，做事总做得不够好。""你能说说是哪些事吗？""比如这星期要写一篇作文，我总担心自己写不好。老师要求课堂上毛遂自荐读自己的文章，我非常紧张，但还是想读自己的文章，读完以后又很后悔。但是，班上的同学却觉得我的文章挺不错。虽然这样，我仍觉得很沮丧……"

每每这时，总会让人想到一个问题：我们懂得爱自己吗？

生活中，有许多因对自己不满而陷入痛苦的人。我们常常会听到身边的朋友说，他们不喜欢自己，因为自己的容貌没有他人的好看，身材没有他人的健壮，能力没有他人的出众。他们觉得自己做人很失败，希望自己能成为别的任何人，就是不想做他们自己。这几年，报上还常有这样的令人痛心的消息，某某大学生因为恋爱，某某中学生因为不堪考试重负，动辄自杀。这不禁令人扼腕痛惜和惊叹：才刚刚站在人生的起点，就如此轻易放弃自己的年轻生命，他们懂得爱护自己，珍惜生命吗？生活中，还有更多诸如此类毁己伤人的悲剧，不禁让人深思：一个连自己都不能接受的人会爱自己吗？一个不懂得爱自己的人，会真正懂得去爱他人，爱这个世界吗？一个内心阴暗，对自己都不喜欢甚至放弃的人，看待这个世界会蒙上多厚一层灰色，他们会给这个世界带来什么？

上面提到的这位女孩，她的父母从小对她要求非常严厉和苛刻。不管她取得怎样好的成绩，总是表现出不满意，并提出更高的要求。因此，她幼小的心灵上有很强的压力，一直觉得自己前面总横着一座永远也爬不上去的陡坡，有很强的挫败感和自卑感。

假如，在人生的早期没有人教我们这一课，那么，现在就要及时为孩子们补上这一课：学会爱我们自己。著名的心理健康咨询专家李·施布利著的《首先学会爱自己》通过一个个富有见识的案例、富有实践意义的练习和具有可行性的建议，告诉我们首先学会爱自己——呵护自己、善待他人。

在我们走出去影响世界之前，让我们首先爱上这个虽然不完美但依然优秀的自己。如果把人的心理健康状况放在一个 1～100 的刻度上，那么大多数人都在广阔的中间值徘徊，我们永远达不到 100，因为完美根本不存在。但是在不完美的状态下，我们依然清楚地知道，迈向完美的途径无非是两条：吸收——让自己更丰富，给予——让自己更有价值。

心理学家的研究证明，心理健康与人的自我评估密切相关，但是绝大多数人的自我评估普遍偏低，这是因为人一出生就伴随着自卑感，之后需要一生的时间去提高自己的技能，证明和感受自己的长处和对别人的重要性。教我们的学生学会爱自己，爱自己的生命，爱自己的一切，这比任何一课都来得重要。

　　作为班主任，我经常和孩子们说的一句话是"你爱你自己了吗？"在我们的字典里经常出现的是"一定要先爱别人，别人才会爱你"。以前我非常同意这个观点，但现在我更赞同的是——"一个人只有爱自己，才会爱别人，别人也才会爱你。"

还记得初次听到这句话时我的惊讶，这不是"自私"的表现吗？爱是最无私的，爱就应该是"先人后己的"，怎么可以"先己后人呢？"作为教师我们经常教育学生的就是要"多爱别人"，要做一个无私的人。可是细细体会一番，才发现事实确是这样的——一个人只有先学会爱自己，才能更好的爱别人。因为你在爱自己的过程中，会慢慢的知道怎么做才能让自己得到快乐，知道自己最需要的是什么；逐渐也就知道别人需要的是什么，怎么做才不会伤害别人，相对应别人也就会爱你。就像《论语》里所说的"己所不欲，勿施于人"。

记得当我第一次把这个观点当作问题抛给孩子们时，他们没有过多的思考，观点非常的统一："爱自己的人一定是最自私的，因为他时刻想到的是自己，而容易忽略别人。人还是应该先爱别人，再爱自己。"而我说出了自己的观点时，孩子们的眼睛都睁得大大的，有些不敢相信的看着我。

"你们家什么情况下让你感觉最和谐、最舒服？"

"我考试考好、学习进步、病好了……"进一步交流后，孩子们总结出"只要自己高兴，全家就会高兴"。可以说自己的情绪直接影响了全家人。而后我又进一步和孩子们作了交流："你觉得自己怎么做才能让自己高兴呢？"孩子们经过激烈的讨论后得出这样的结论——学习好、品德好、玩得好、身体健康。那怎样才能让自己"学习好、玩得好、品德好、身体好"呢？

"当你被批评时，你想过没有，没有人愿意批评你，是你让自己被批评的。"

"当你被罚时，你一定没有想过其实罚你的人就是你自己，因为你做错了，所以别人才会罚你。"

"当你觉得别人不苟重视你的时候，你一定不知道是你自己一直不重视自己，所以别人才不重视你。"

听着我的话，孩子们忽然间就明白了——只有对自己好，别人才会对你好，只有爱自己别人才会爱你。

　　以后我便经常问孩子们："你爱自己了吗？"

　　当有孩子因为被批评而心生不满时，我会问他："你爱你自己了吗？如果你爱自己，怎么会让自己批评呢？"

　　当学生因为没有完成作业时，我会问他："你爱自己了吗？如果爱自己，怎么会让自己这么丢脸呢？"

　　当学生违反纪律时："你爱自己了吗？"……

　　所以每天孩子们都会反思："今天我爱自己什么？在什么地方我对不起自己？"正因为在不断的对自己爱的反思中，他们知道了什么是对什么是错，而且还在这个过程当中学会了尊重，懂得了宽容，了解了付出。因为他们真心真意的爱自己，所以他们的生活是快乐的、无畏的、无牵挂的。因为他们明白了：我既然爱我自己，我就不会伤害我的同学、朋友，因为他们将陪伴我度过一生；我既然爱我自己，我便不会伤害我的父母，因为我是他们的一部分，他们也是我；我既然爱自己，我便不会伤害周围的花草，因为他们装点了美丽的世界，带给我快乐带给我所爱的人快乐；我既然爱我自己，我便不会伤害世间一切生灵，因为上苍赋予了他们生存的权利，我尊重上苍，我无权剥夺他们的生命。

　　所以我想说："让我们好好的先爱自己吧！因为爱自己，身边的一切也会随之而变得美丽，而爱也会随之蔓延的。"

第三章　教学生懂得爱

第三节　教学生爱父母爱他人

大教育家陶行知说："千教万教，教人求真；千学万学，学做真人。"学会做人是教育之本，而做人的核心是拥有爱心。要培养孩子有爱心，首先要培养孩子有孝心，孝敬长辈。生活中，我们看到的是：今天的父母对孩子很有爱心，孩子对父母的孝心却很不够。

一位母亲有个上高三的儿子。这位母亲每天除了工作还要马不停蹄地为儿子买菜、做饭、洗衣、收拾房间……可儿子认为这些是应该的，一点儿也不领情。一天，这位母亲生了病，躺在病床上，浑身十分难受。儿子放学回来，看看锅里没有饭，只是冷冷地说了声"我出去吃了"就离开了家。过了不久，他吃饱了回来，竟没过来看看她，也没给她带回一点吃的，就钻进自己的房间，"砰"的一声关上门，一晚上再也没出来。这位母亲伤心极了。她想，儿子长大了，变得如此麻木不仁，只怪自己平时只知爱他，却没有教育他也要爱别人，关心别人。

这位母亲在儿子的冷漠无情的事实面前觉醒了。可天下还有多少没有醒悟的家长，只要孩子学习好，分数高，什么事都心甘情愿地去帮他

做，不让他做。可孩子呢，受到家长的过分关心，过分照顾后，也感觉不到父母的辛苦了，觉得一切理所当然，应当让他享用。

"子不教，父子过。"孩子不懂得回报养育之恩，不懂得珍惜，其实是我们做父母的责任。我们应在孩子小的时候，就在他的心灵里播撒下爱的种子，让我们自己以后不后悔。让我们的孩子真正成为一个能融入社会，被人接受，有益于社会的人。

人在少年时代，学会做人比学习知识更重要。社会上发生的各种事例告诉我们：没有那个年龄应有的德行，就有那个年龄该有的痛苦。孩子们对生命充满了热情，对生活充满了想象，对未来充满了向往。但是他们毕竟见少识寡，对生活的体验不深，因而懂得的人情事理也朦胧的，似是而非的。所以，孩子们最需要长辈们以一种朋友方式的，充满人情味，寓理于情的言传身教，去教育和感化他们，使他们及早学会如何通情达理地做人和处世。

当小小的生命尚在母腹中孕育时，那伟大的母爱已同一泓湖水，柔波荡漾、浩浩森森；当等待第一声婴儿啼哭的焦虑之时，深沉的父爱已如苍茫草原广阔无垠、郁郁葱葱。

教会孩子爱首先要给予孩子爱，这爱渗透在生活中的每时每刻。

爱孩子对父母来说，并不是简单的舐犊之情。这爱包含更深层的意义。它使我们的目光看得久远，它使我们的心灵更加高尚，它使浮躁的变得沉稳，它使随意的变得理性。真心爱孩子就要让孩子懂得感受爱、体味爱。做到这一点并非易事，如今的父母，少有不视子女为掌上明珠的，但一些子女对待父母给予的爱却常常表现出无动于衷。他们认为，父母的爱是天经地义的，他们一边不停地索取，一边毫不珍惜地抛弃。更有甚者，他们会对父母的爱感到厌烦或因爱的方式不当而感到怨恨。如果孩子果然对父母之爱表示麻木的话，应该说是父母教育上的失败。这样的孩子长大后，同样会因为不能体味爱而与幸福失之交臂。

如果孩子做了什么事使你不快时，你在明确告诉他你的感受时，可让他设身处地想想，换了他会怎么样？只要我们教育得法，孩子自会明白，不仅要从父母这里获得爱，也要以爱相回报。

孩子的言行反映着父母的举止。孩子偏狭，父母恐怕不会敦厚；父母暴躁，孩子要么冷酷，要么怯懦；孩子能与小朋友友爱相处，父母的性格多豁达温和；父母开朗乐观，孩子也不会抑郁焦虑。因此，教会孩子爱的同时，也是观察孩子言行校正自己的机会。

如果我们希望孩子能有一个幸福的人生，就不妨记住这句话："教会孩子爱父母，他才会爱他人，也才会被人爱。"

教师怎样教育学生热爱他人，热爱集体，怎样培养学生良好的品质呢？在这方面李镇西老师给出了我们好的方法。

他在《做最好的老师》一书中指出：爱，既是教育的手段，也是教育的内容。我们对学生充满真挚的情感，这样会使学生乐意接受我们的教育，但如果仅仅限于这一点，那么，师爱的作用还远远未发挥尽。爱的教育的最终目的，是应使学生感受到到老师无私的爱后，在把这种无私的爱自觉地传播给周围的一切。

不管"热爱"什么，首先要热爱周围的人——爸爸、妈妈、哥哥、妹妹、邻居、老师、同学、旅途上偶然相识的伙伴、路上每一个普通的公民，热爱周围的环境——教室、校园、家乡的山水、所在的城市街道、自己的宿舍大楼。

李镇西老师把大的德育目标如爱祖国、爱人民等转化成一个个小的德育目标，让学生爱自己身边的一草一木，爱自己身边的家人，爱自己身边的同学，通过一个个具体细微的小事，不断地对学生进行爱的教育，值得我们学习。这比单纯地给学生讲一些做人的大道理，要管用的多。

"让人们因为我的存在而感到幸福。"这是苏霍姆林斯基送给每一届学生的见面礼，这句话告诉学生要学会"爱"。他的教育不流于形式，不是为教育而教育，他反对学校组织诸如班会、作文赛、演讲等，他反对以这种形式取代爱国主义教育，他曾教育学生给学校门卫写贺卡，并且不落款，从中教会学生爱的憧憬和爱的传递。

教会学生爱他人，是一种素质，是一种文化，更是学生健康发展的要求。现在的学生，大多是独生子女，唯我中心论占据着大多数学生思想，在这种思想的支配下，学生为一点小事斗气，甚至大打出手，无同情心，不爱护小动物，也就很正常。爱他人是一种素质，更是一种能力。

　　班上的小刘，父亲打苦工，母亲是外地人，且父母年龄相差大，父亲看上去更像爷爷，他母亲才三十几岁，外表不美，到这里生活也已十几年，当地方言还是没有学会。作为儿子的小刘，却看不起生他养他的母亲，母亲却深深地爱着他。这明显的反差，使得小刘更加反抗。我知道此事后，找小刘谈了几次，效果不明显。在学期末的素质报告单上，我严肃地给予提醒：一个连父母都看不起的孩子，还有谁能看得起他？新学期的小刘，可能深有感悟，表现极佳，我也提供他发展的机会，多次让他尝到成功的喜悦，并让他和家长共同分享。良好的家庭氛围由此开始，小刘体贴父母的素养开始形成。

第三章　教学生懂得爱

第四章　教出有素质的学生

一个在美国读小学二年级的孩子已经亲自动手写论文了。

"蓝鲸一天要吃4吨虾，寿命是90年到100年，心脏像一辆汽车那么大，舌头上可以同时站50人到60人……"这是一个留美博士的儿子在8岁时写的第一份研究报告《蓝鲸》中的内容。

这篇出自在美国读小学二年级的孩子之手的论文含4个小题目：①介绍；②蓝鲸吃什么；③蓝鲸怎么吃；④蓝鲸的非凡之处。小标题下的正文不过一两句话，既没有开篇段，也没有结论段。

"孩子从一开始就摆开了一副做课题研究的架势。从决定题目，到从那十几本书中发现对自己研究有用的资料，再到着手写文章，孩子始终处在一个独立工作的状态下。"孩子的家长感慨道，"《蓝鲸》是我一生中看到的最简短的论文，也是我最感兴趣的论文。问题不在于孩子在研究中学到什么有关蓝鲸的知识，而是他必须用自己的脑子去思考，去筛选材料，去决定'研究'方向……这个收获要比知道蓝鲸有多重、多长更具价值。"

与此同时，我们的小学二年级孩子在做什么呢？我们能想到的，恐怕多是沉甸甸的书包，以及放学后做不完的作业。

中小学教育，是培养有素质的人还是会做作业的孩子？

第一节　注重学生个性发展

　　个性是在一定的社会环境和教育模式下形成的相对稳定的个人品格，是一个人区别于他人的独特之处。良好的个性意识和个性能力强烈地影响个人创造力的发展，是人才成功的关键素质之一。

　　个性化教育依据学生性格、兴趣和能力差异的实际，以尊重学生的主体性和主动精神为宗旨，以注重开发人的潜能智慧，注重塑造人的健全个性为根本特征。我国教育当前最大的弊端是只讲统一，不讲差异，不重视发展学生的个性，不重视因材施教。这样的教育培养不出顶尖人才。说到底，教育的目的是培养出个人能够得到发展的、社会需要的人才，而不仅仅是"好学生"，后者的标准也要以前者为依据。

　　我们现在提倡优质教育与教育均衡发展，但教育均衡发展不等于平均发展，发展优质教育不能只是一种模式。在讲教育均衡发展的时候，不能忘记差异。教育公平指的是入学机会的公平，教育过程的公平，而不是教育的一个模式。一个目标，一个模式，一个规格，培养不出拔尖人才。

　　人是有差异的，社会需要的人才是多样的，因此一定不能忘记差异性的教育。要为不同的学生提供最适合于他们的教育，这才是最大的公平。在发展优质教育的时候，要特别重视因材施教，培养不同的人才。但现在有些教师不去研究自己所面对的学生的个性，他们以为了解了一些规律性的东西，了解了学生的共性，课就能讲好了。

在《国家中长期教育改革和发展规划纲要》（2010～2020 年）中，提出了学生全面发展和个性发展的统一，这一个命题非常重要，再次强调了素质教育的重要性，进一步克服应试教育的倾向。根据纲要，要开展研究性的学习，加强理想心理，学习方面的指导，特别是教育模式和教育方法要全力改革，要激发学生的学习兴趣，独立思考的能力，要全面推进个人改革，因材施教，关注不同特点、个性差异。

在 2010 首届中国个性化教育高端峰会上，北京市教育科学研究院原院长党委副书记季明明先生对于个性化教育又很多精彩的发言，下面选取几段供大家学习参考：

什么是个性化教育，国际上有一个认定，我们的《纲要》写得非常好，为每个学生提供适合他的教育，这句话非常简练，很科学，特别强调尊重个体差异，鼓励多样性、创造性。要发展他的优势潜能，我们所有教育文件里边，对个性发展，对个性化教育的提法要求，多少年少有，一方面说明我们对教育规律认识的深化，同时说明这个问题的不足，带来的严重性。什么是个性化教育，他和我们划一化的教育有什么不同？从教育理念来说，以尊重个人自主性及其独特价值为前提，发觉个性优势潜能，将以人为本的理念个体化。划一教育回避和不顾个人自主性及其独特价值，阻碍了个性潜能的发展。

我们要看到，个性发展很重要，是落实全面发展的必由之路，马克思指出，个性发展是一切人发展的基础，所以这一点非常重要，国家纲要特别强调个性发展，关注每一个学生，让他们主动，生动活泼地发展，特别强调把个性发展作为创新人才培养模式改革的三大注重。①学思结合，②知行结合，③因材施教个性化。所以把个性发展提升到三个注重之一，我认为这个注重又决定了前面两个注重能不能到位。

完善独立的个性是形成思维能力和创新能力的前提，包括独立的见解，生活的自立，自我约束，自主地处理同别人的关系。我们怎么样引导孩子的个性"充分的""全面的"发展，可能影响其一生的创造能力，教育的本质是人的人格不断完善发展，这种完善人格就是个性全面发展的根基。凡是引导个性全面发展的学校教育、社会教育、家庭教育必然是成功的教育。

应试教育恰恰严重压抑了学生独立的发展。广大学生已经成为考试的机器，从早考到晚，甚至已经形成了奴化的个性。他们已经没有什么人格了，他们有统一化的格式，统一化的命题，统一化的试卷，统一化的标准，进行艰苦的磨炼，已经不允许他们个人个性的色彩，他们要发挥个性考分就要下降。在一生开发人潜在智力，创新能力的最重要阶段，是学前、小学、初中，干了什么呢，就做了应试教育的奴隶。国外很多国家，千方百计的张扬个性，引导学生的创新活力的打造。

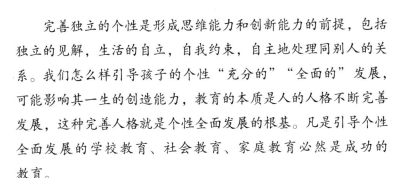

需要注意的是，《纲要》提出的是学生全面发展和个性发展的统一，说明个性化教育的目标要考虑个性的差异性和共同性这两个基本特征。

个性化教育应该有以下两个目标，第一，针对个性的差异性因材施教，尊重学生个性特点，尽可能挖掘每个学生的潜能，并通过一定的培养和训练让学生个性获得充分、全面、和谐的发展。在此基础上充分发挥各自的特殊才能或特长，使他们都能在各自最佳的发展点得到最充分的发展，以利于各种创造性人才脱颖而出。第二，针对个性的共同性，个性化教育要促进学生的社会化，推动社会的发展。因为人的个性是自然属性和社会属性的统一，个性的发展不仅受制于个体的先天禀赋，还受制于特定社会，因此个性化教育在积极开发人的身心潜能的同时，还要促进个人实现社会化，将社会化与个性化统一于素质的全面发展

第四章　教出有素质的学生

之中。

进行个性化教育，教师要全面了解学生，即了解每个学生的过去和现在，了解学生成长的环境，了解学生的优缺点和内心世界，只有这样才能根据学生不同的个性特点，找到最适宜的教育途径和方法，挖掘每位学生的潜能，充分调动学生的积极性。

放眼国外的中小学教育过程，很多环节都围绕着"个性"做文章。相比之下，目前我国的教改虽然强调学生的个性发展，但仍是"戴着镣铐跳舞"，而且是"双重镣铐"——一是学校缺乏办学自主权，二是中高考制度，所以学校很难轻易迈出教改步伐。

下面，我们看看美国的中学教育是如何培养学生个性的，和我国的中学教育进行对比，有很多值得借鉴的地方：

美国中学的办学设施条件普遍较好，设计科学、合理，注重实用。在这一点上，我们的示范性高中并不比美国的优质高中差。不过，他们更注重办学特色，更强调以学生发展为本，

（一）给学生创造更多的个性发展空间。

1. 学分制与选课制 促进学生主动发展

学分制与选课制充分体现了美国以学生为中心的办学模式。学校只规定最低毕业学分，对课程种类、难度，没有统一要求。因此，学生不必按照某一固定的模式塑造自己，这样在学业上享有最大的自主权、主动权，可以充分发挥自己的潜力与特长，各个层次的学生都可以按照自身条件，各取所需，各得其所。

2. 校本教材保证学生可以自由发展

美国中学的各学科没有统一教材，教材是由学校和任课教师选定的。对照中美两国的教科书，以数学、物理、化学、生物为例，两国教科书的知识框架覆盖范围大致相当。但美国教科书的叙述要详尽得多，内容约为我国教科书的十倍、数十

好学生是教出来的

倍。书中有大量照片、插图，生动形象，诱人一读。相比之下，我国教科书显得单薄，只有骨架而缺血肉。在讲述同一数学定理、物理定律、化学反应或生物现象时，我国的教材多以结论为主，内容有限。而美国的教材则从推导步骤、发现过程、实验验证、现象解释、相关科学家介绍、趣闻轶事等多方面、多层次展开，充满趣味。

据一些赴美读高中的学生反映，我国的教材内容单一，叙述过于简略，离开教师讲授和辅导，难于自学；美国教材的内容丰富，叙述详细。美国的中学教学旨在发展学生的个性，学多学少可以因人而异，一般学生掌握了基本知识即可；有某一专长或志向的学生，在美国的教科书里展现的广阔知识天地里任意遨游，可以充分利用教科书的丰富内容，通过自学向纵深发展。

在美国学生选课后，在开学两周之内，还可以换课、退课，但必须经教师、家长、主任签名，在成绩单上没有任何记录。开学后两个月内，如果学生学习成绩明显不好，在考试中出现了不及格，或有可能通不过期末考试，学生可以提出退课，这时在退课科目成绩单上有个记号 W（withdrawal 的缩写），即标明选过这门课，但退掉了，不过不影响总平均成绩的评定。超过两个月，学生就不可以退课，成绩不及格就是不及格。美国式教育，处处训练学生接受挑战的能力，包括在自己不行的时候要敢于说出自己的不行。敢于放弃，勇于重新选择，也是一种能力的磨练。

3. 小班教学让每个学生充分发展

在美国几乎所有学校，班级学生都在 15 人左右。"小班化"教育为美国学校实施素质教育创造了良好的条件，师生活动的余地大了，每个学生得到教师的关注和辅导的机会多了，学生的个性就可以得到更充分地发展。

4. 重视思想品德教育

美国非常重视学生的思想品德教育，这点在美国的高中到处都可以感受到。而且，这种教育具有非常明显的实用性，它贯穿在各个学科之中，具有很强的可操作性和现实性。美国的中小学没有思品课，但开设社会课，对学生进行公民教育，在校内外的各种活动中都渗透德育。在美国，几乎所有的中小学教室和办公室处处都可以看到悬挂着美国的国旗，学生在"剪纸"、"绘画"中，经常会巧妙地把国旗镶嵌其中。公共场所的许多建筑物上都能见到国旗。国会的重大决策、议会辩论的实况定时向全国民众直播。平时，学校安排学生轮流到图书馆、小卖部、学生餐厅等处参加劳动，培养学生劳动观念和技能。学校的学生会组织年年改选，以增强学生参政意识。学生会组织各种活动，如举办戏剧节、募捐、义卖、戒烟和环保宣传等，以提高学生的自治能力。尽管美国的历史不长，但他们能利用一些经典的人和事，建成各种各样的纪念碑和纪念馆，用以教育青少年学生。

5. 学生评价重视实际能力和个性发展

美国评价学生的标准，除学业成绩外，十分注重实际能力，包括领导能力、组织能力、社交能力、独创能力、个人特长和发展潜力。在名牌大学录取学生的标准中，考试成绩、平时成绩、课外活动和申请、推荐与面试的情况约各占1/4。每年一度的全国中学生总统奖评选，要求候选人在学业、艺术、领导、科技活动、对学校及社区活动的贡献等方面取得突出成绩。

美国高中校内设置专职咨询指导教师，学生遇到学习、升学、生活、家庭、心理、生理等方面的问题都可以咨询教师解决。学生在校期间，每学期选学的课程要和指导教师商谈决定，每一指导教师最多负责200余名学生。这与我国班主任相比，

他们的职责更广，但对学生了解和工作细致程度则不及我国的班主任。

（二）课程设置重视学生的个性发展

美国中学课程设置的宗旨是促使学生全面发展，其课程知识面广，能充分发挥学生的潜力，调动学生的学习积极性、主动性，促进学生发展特长。很多高中开设有120多种课程供学生选择。课程分必修课与选修课。必修基础学科要求学生掌握必要的学科知识和合理的知识结构，以适应社会的基本要求。选修课课程丰富，充分满足学生的兴趣爱好，培养专业志向，促进学生发展个性特长。

1. 因人选课，因材施教

选修课覆盖面甚广，大多讲授实用性知识、技能，涉及工业、农业、林业、商业、经济、法律、文秘、外语、家政、环保、通讯、驾驶、制造、建筑、财会、时装、食品、维修等众多领域，凡是学生感兴趣的实用知识，几乎都有相应的课程可供选择。选修课实践性强，在扩大知识面，开发潜力，培养实际能力，促进特长和个性发展，帮助选择专业、职业等方面起到积极作用。

美国的阅读课程不仅包括语言、美国文学、写作等学科，还包括世界文学、新闻、杂志、演讲、辩论等学科。美国的高中不仅开设理、化、生等常规学科，像航天技术、园艺学、植物学、地质学等专业性很强的学科也在很多学校开设，学生可以自主选择。

在美国，允许天才生、特长生充分发展潜能，高中学校规定，学习成绩优秀的学生可选修本校开设的高级课程，当任课教师是大学认可的教师，就可以得到对高中和大学都有效的双效学分（AP课程）。优秀学生还可以利用课余时间到大学参加正规的课程学习。美国高中实行的选课制充分考虑到学生的

第四章 教出有素质的学生

个体差异，注重因材施教。

2. 学分制取向，崇尚实用

美国高中对必修课和选修课核心课程都是既有学分的要求又有学习时数的要求，既有学年学分的要求又有各科目的学分要求，从当前世界各国学分制的实践来看，这种模式占多数。学年学分要求可以避免学生在学习过程中的某段时期负担过重或过轻，确保其整个高中阶段的学习内容比较均衡、全面。同时，它有利于知识学习的连贯性、系统性。

美国高中学分制的价值取向是追求实用性和个性化，这与强调实用主义和个人主义的所谓"美国精神"相呼应。美国社会对人才的多种需求、学生个体发展的多种需求，成为美国高中学校制定一切教学管理制度的出发点。强调差别、强调多样化、强调地方和学校的自主权，这些都赋予了美国高中实行的学分制高度弹性化、高度个性化。在这样的制度下，美国高中学生的课业负担轻、自由支配时间多、兴趣广泛、具有较强的创造精神、有独立见解、较为深入了解社会。但是学校课程门类过多，没有统一的标准和要求，造成一些课程流于形式，教学质量参差不齐。实用性的取向还容易使一些不准备升学的学生忽视文化基础课的学习，而这恰恰是影响了学生一生的发展。

（三）课堂教学民主、和谐、生动、活泼

1. 教师乐教，学生乐学

美国高中课堂的课桌不是整齐排列的，学生也没有固定的"坐姿"，参观的客人，可以随便进入课堂。美国学生的学习方式和思维方式没有统一模式，上课的形式也多种多样，课堂气氛是宽松、和谐、愉快的，教师尊重学生，师生关系平等。在教室里，学生可以随时提问，不用起立。教师上课教态很随意，寓教于乐，生动有趣，教师教得轻松，学生学得愉快，教学内容难度也不大，绝大多数学生都能理解和掌握。

不论是上课还是课间活动，都能让人感受到学生主体作用的充分发挥。一般，每堂课教师讲解不多，只是提纲挈领地讲解或提出一些富有启发性的问题，而大部分时间是学生在教师的启发和指导下，通过自己思考、操作、查阅有关资料等自主学习形式，主动地去获取知识；或由学生自己提出问题，相互讨论，教师个别指导；或在教师的指导下共同讨论、研究、解决有关问题。

理科教师教学手段直观形象，善于把抽象的概念融入具体的实际生活之中，让学生通过游戏、实地勘察、测量、观察，变感性知识为理性知识。

2. 尊重个性，强调创新

美国高中非常注意培养和保护学生的自信心，鼓励学生发展自己的个性特长。教师引导学生积极参与教学过程，充分发挥其主体作用，目的并不仅仅在于传授知识，更重要的是为了挖掘学生的创造潜能。教师鼓励学生采用不同的仪器和方法做实验，允许对实验结果发表不同见解，只要言之有理，可以和书本上的解释不同。而编辑报纸、图书以及电脑绘画，则更没有条条框框的限制，学生们充分发挥自己的想象力和创造力，体现出迥然不同的个性特征。强调突出个性，充分鼓励创新，是美国教师遵循的原则。

他们认为：最好的教育应该包含有某种"选择"，基本的教育法不一定适合每一个学生，教师应该为每一个学生寻求到一种与别人不同的学习方法和思维方法。教师在课堂上提出问题或布置任务，然后师生共同进行讨论和探索。学生的经验不足，理论水平不高，在研究中往往会走弯路，也有学生为了弄懂一个问题，自己便离开座位到教室边上的书架旁查阅资料。善于寻找帮助也是一种重要的能力。在美国，课堂讲授大都以

学生为中心展开，教师总是设法引导学生把眼光投向课本之外的知识海洋，并力图使学生们能够保持对大千世界的好奇心的探索欲，同时注重鼓励和培养学生独立思考的习惯以及解决问题的能力。

3. 既学知识，更重能力

在知识和能力上，他们更注重对学生的能力培养和技能训练。他们认为：面对复杂多变的社会如何思考、适应，需要技巧、技能，只会记忆知识，变了就不适应；学校培养的不仅是今天的人，更重要的是要培养明天的人。

学生每天下午3点以前就放学，要让学生有充裕的时间自由发展。有的学生，也许基础课程学得不佳，但擅长电脑、科学小制作、缝纫、服装设计、烹饪、写作、演讲、摄影、绘画、音乐创作、体育运动等。学生的课外活动被看作是美国教育内容的重要组成部分，各学校把课外活动作为帮助学生增长才干、适应社会的重要措施。美国高中的课外作业及考试内容，除一般习题外，还要求学生撰写论文，倡导学生独立思考，鼓励学生提出个人见解。课业负担就大多数学生而言，课内、课外所花时间比例大体为1:1，学生总体负担适度。但是学生要升入名牌大学，要靠自己主动安排更多学习内容，他们在课外学习时间的比例更大，因此，他们在高中学习的负担也是不轻的。

第二节　培养学生的自信心

第四章　教出有素质的学生

一下课，老师便找到刚才回答问题时欲言又止的同学谈话。

老师问："课堂上，为什么回答问题欲言又止啊？"

"因为我怕同学笑我回答不好这个问题。"

"还没有回答，怎么知道回答得好不好呢？"

……

这一幕，在课堂上屡见不鲜。

中国人有一个根深蒂固的观念——望子成龙、望女成凤。父母亲自己争取不到的社会地位，实现不了的理想希望孩子这一代帮他（她）们去实现。现代孩子生活在这样巨大的压力之中。在他们成长过程中，父母总要求他们必须不断进步，却很少考虑他们是否具有这样的能力，是否有信心去面对这么多的困难和期望。如果平时没有培养他们的自信心，当困难一来，事情一多，期望一高时，他们丝毫也没有信心去面对每一件事，表现在：对什么事都不敢尝试、害怕竞争、害怕失败……培养学生的自信心，是每位教师义不容辞的责任，也是全面实施素质教育的要求。

自信心是一种反映个体对自己是否有能力成功地完成某项活动的信任程度的心理特性，也称为信心，换一种说法就是自己相信自己的情绪体验，是对自我力量的充分估计。总的来说，自信心是一种建立在心理素质之上的精神动力，也是人自身生存与发展的最基本的生命源泉之一。

好学生是教出来的

自信心是人获得成功的重要心理品质。一个人只有看到自己的力量，充满自信，才能百折不挠，靠自己的不懈努力奋斗，最终把不可能变为可能，把可能变为现实。一个充满自信的人，事业总是一帆风顺的，而没有信心的人，可能永远不会踏进事业的门槛。

自信心是成才的重要条件。近年来，许多国家都把增强学生自信心作为培养目标。中国少儿委员会提出我国当代少年儿童要具备"五自"，自信就是其中之一。从小培养儿童少年的自信心已引起社会的高度重视。然而，相当一部分教师和家长却忽视孩子的心理素质培养，学生不同程度存在自信心不足的表现也较为明显，因而需要加大这方面的教育和研究的力度。

自信主要是在社会生活中逐步形成的。中小学生正处于人生成长的高峰期，他们的自我意识增强，具有强烈的成人感，因此，此时是培养自信心的黄金时期。那么，教师可以通过哪些途径、采取哪些方法来培养学生的自信心呢？

一、科学评价，增强学生的自信心

1. 多作肯定性评价

学生的判断能力较弱，老师心理投射是他们形成自我评价的主要来源，这在小学低年级尤其明显，学生需要从老师给予的肯定性评价中确立自信心。如果老师评价这个学生能干，他就认为自己确实是这样，遇事敢于自己动手去做；如果平时老是讲他傻、没出息等有损自尊的语言，他就觉得自己真的不行，就失去自己动手去做的信心。

英国心理学家罗森塔尔在美国一所小学做实验，以 18 个班的学生，作了预测未来的测验，然后把具备"最佳发展前途"的学生名单交给老师。这种暗示坚定了老师对这名单上的学生的肯定，使这些原本是随意指定的学生感到异样的自信、自尊、自爱，敢于提问、回答。8 个月后复试，这些学生进步快、活泼、可爱。实验表明：教师对学生的情感、笑容、肯定评价形成了期待效应。从心理学的角度讲，我们为何不满足他呢？既能调动了学生的学习积极性，又让学生学会自主、自强、自信、自立，还能展示生命的原生态，何乐而不为呢？当学生的学习、工作或其他方面已经努力但还不够理想时，要肯定其努力和进步。比如可以说："我知道你做这件事已经很努力了"、"我看得出来你花好多时间来解决这个问题的"、"我看得出来你已经进步了"、"对于这次考试我知道你在用心准备"、"可能你觉得距离目标还好遥远，但想想你从刚开始到现在的进步，真让老师高兴"……

2. 多角度评价学生

传统教学对学生的评价是看各学科成绩来全面评价学生的。这样一来，学习上有困难的学生因为在这方面有过许多次的失败，直接导致学生出现情绪、兴趣上的波动，影响学生的心理环境和学习效率。长此以往，学生就缺乏自信心，缺乏了上进的勇气。因此，老师在评价学生学科成绩的同时，不要忽视对学生其他方面的评价，如学生的兴趣、工作能力、口头表达能力、动手能力、计算能力、人际关系等等。如对一个学习不够努力但劳动非常积极的学生，可以用这样的语言来评价他：有了你的帮助，大扫除做得又快又好。或者：因为你的帮忙，我的工作变得容易多了。对学习马马虎虎但非常喜欢做手工的同学，可以这样评价他：我喜欢你的工艺作品，它看起来很有创意……这样进行多角度评价学生，使学生能够正确看待自己的优点和缺点，能发扬自己的优点，改正自己的不足，有利于学生的健康成长。

美国著名的心理学家杰丝·雷耳说："称赞对温暖人类的灵魂而言，就像阳光一样。"对学生任何一点值得鼓励的地方，我们都应该加以肯定、赞扬，激起他们的自尊和自信，并通过持续不断的鼓励，使其持久地保存下去。

二、运用鼓励，培养学生的自信心

1. 信任激励

巴特尔指出："爱和信任是一种神奇的力量。教师载有爱和信任的

第四章　教出有素质的学生

眼光。哪怕是仅仅投向学生的一瞥，幼小的心灵也会感光显影，映出美丽的图象……"就在学生产生心理自卑，对学习没有信心时，教师相信学生存在智能优势，只要这种优势得到发挥，每个学生都能学得好，只要方法得当，就没有跟不上的学生。在每位学生身上，教师都要看到他们的长处，找出他们行为中的闪光点，哪怕是细微的优点。课文读错了，词语写错了，教师先表扬他不怕错的精神，再对他说："下次还请你，老师相信你能成功。"在"下次"之前，教师为他创造成功的条件，那么，相信他的"下次"总会有进步的。鼓励的话语有："我相信你做得到的"、"我对你的有信心"、"这个虽然还没完成，但是我相信你会完成它"、"我知道你会处理好的"……

著名的"罗森塔尔效应"的实践告诉人们，学生能否持之以恒地学习，与教师的信任程度有密切的关系。当学生站起来不能流利地回答问题的时候，教师投去一个期待的目光，说一句信任的话语，帮助他成功一次，那么，他在课堂上发言的水平会更高，学习能力会更强。因此教师在课堂上要多给学生送去一个信任，在每位学生的心底里种下一颗自信的种子，促使他们在课堂上最大限度地发挥积极性和主动性，达到提高课堂教学效率的目的。

2. 尊重激励

苏霍姆林斯基指出："我们越是深入学生的内心世界，体验他们的思想感情，就越体会到这样一条真理：在影响学生内心世界时，不应该损伤他们心灵中最敏感的一个角落——人的自尊心。"心理学家威廉·杰姆士说过，在人的所有情绪中，最强烈的莫过于渴望被人重视。由此可见，学生有强烈的自尊心，他们希望得到教师的重视和尊重。因此，教师要尊重学生的人格，在课堂中的任何情况下都应该以"朋友和共同学习者"的身份与学生相处，用真情实意尊重学生，创设一个融洽、和睦、协调的课堂气氛，让学生在轻松愉快的情境中获得知识，提高能力，陶冶情操。学生知识的不足，阅历的肤浅常常导致他们行为的盲目，产生"出格"的表现。对此，教师不要只想到维护自己的尊严，

对学生批评训斥，造成课堂气氛紧张而降低教学效率。有关实验表明，年级越高、年龄越大，受到批评训斥后，学习效果就越差，甚至产生逆反心理。有经验、有成就的教师在课堂上始终表现出对学生的尊重，让学生回答问题时总是说："某某同学，这个问题请你回答。"回答结束后，再说一声"请坐下"。一个"请"字，就能"请"出学生的积极性，为课堂教学"请"出效率来。

3. 赏识激励

人需要赏识，作为课堂主体的学生更不例外。他们常常把教师的赏识看成是对自己的评价，当他们得到赏识时，就觉得自己有进步，能学好，有发展前途，以为自己在教师心目中是好学生，因而产生自身增值感，增强学习的内部动力。

诺贝尔化学奖获得者瓦拉赫，在被多数教师判为"不可造就之才"以后，另一位教师从他的"笨拙"之中找到了他的办事认真谨慎的性格特征并予以赞赏，让瓦拉赫学化学，终于使他成了"前程远大的高才生"，获得了诺贝尔化学奖。这就是"瓦拉赫效应"，它启示我们教师要在学生的课堂行为表现中多发现可以肯定的东西，对学生的答案或方法，正确的加以赞赏，这是"锦上添花"；错误的也可以从思维方式、答题方式或态度上加以肯定，这是"雪中送炭"。对答错的内容，教师可以用多种手段让其自己认识并纠正，只要纠正对了就要赞赏，让他看到自己的成绩，以利再学。学生答题正确了，教师可用"很好"、"居然和我的看法一样"、"你的答案比我的更好"等语言予以赞赏。

4. 让更多的学生感受成功

谬·詹姆斯说："每个人都具有在生活中取得成功的能力。每个人天生都具有独特的视、听、触以及思维的方式。每个人都能成为富于思想与创造的人，一个有成就的人，一个成功者。"在班主任工作中，要把握一切教育时机，有意识地帮助学生挖掘自己的潜能，开发内在的动力，在丰富多彩的班级活动中，帮助每一个学生找到适合自己发展的空间，最大限度地开发出每个学生的内在潜能，树立自信心。比如下面这

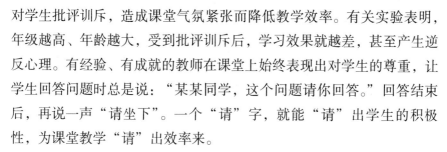

个例子：

> 在班级管理中，为了及时发现学生身上的闪光点，并使他们的成绩、长处能够得到大家的认可，我班创办了"闪光日志"，记录学生每一天的每一点成绩，每一个成功。让每一个学生看到自己身上的长处，看到自己同样有值得别人学习的地方，从而激励他们不断完善自己，使自己不断得到提高和发展。同时发给每个学生一张"成功卡"。教师将学生经过努力而获得成功的事件、内容和日期，及时用简明的语言记载在卡上。定期在集体面前宣布，每月给家长看一次，鼓励学生争取再成功，提高自信心的水平。"闪光日志"和"成功卡"的建立，受到了学生们的喜爱，每一位当日的班长都在捕捉当天每一位同学的"闪光点"，因为它包含着学生对成功的渴望，即使是极其微小的成绩和鼓励，也被学生看作是生命的闪光，永远珍藏在心头，成为他们成功的动力。学生在受到激励后，树立起了自信心，为他们的发展起到了很大作用。

老师运用成功教育的活动性原则，以活动为中心，创设适合学生自身发展的丰富多彩的活动，并在活动中使学生的潜能得以真正地展开与实现。丰富多彩的活动为更多的学生提供了相互学习的机会。吸引了更多同学的注意，使许多平时默默无闻的同学脱颖而出，使同学们对他们刮目相看。这对他们无疑是莫大的鼓励与肯定。这些鼓励与肯定，将成为一种动力，推动他们不断努力，不断地向新的更大的成功迈进。

三、帮助学生确立恰当的目标

目标是人前进的动力，当然，目标也不能太高，"让学生跳起来就能摘到苹果"，体会成功的滋味，一次次的成功，学生的自信心就建立起来了。

好高骛远常常是中小学生的毛病，他们会把目标的高低当作衡量进取心的标准。目标如果超出了实现的可能，就会暗示学生"我是无能的"，"我比别人差"，最终伤害他们的自信。老师要根据学生的基础、能力、兴趣爱好等实际情况给学生提出不同的要求和目标，坚持由近到远、循序渐进的原则，切忌"一大二空三同一"，个性化的目标才具有针对性和可操作性。

定期对学生进行总结，如果目标不符合实际要及时修正，对于达到目标的学生要及时给予褒扬，一方面让他们感受成功的喜悦，另一方面使学生认识到只要自己努力就可以和别人一样获得成功，从而帮助他们树立自信心。

第四章 教出有素质的学生

第三节　培养学生的思维品质

　　思维能力是智力的核心，思维品质则是智力的支柱。什么是思维品质呢？人的思维既有共同规律，又有个体差异，这些差异，我们通常叫思维品质。心理学告诉我们，任何人，即使是弱智者，也无时无刻不在思维，而且都以自己习惯的方式思考着问题。

　　思维品质的优劣，一般用思维的广阔性、深刻性、逻辑性、独立性、敏捷性和灵活性等六个方面来标志。

　　第二次世界大战时，英国首相丘吉尔很有见解，当有人向他请教问题时，他马上会说出解决这个问题的十几种办法。可见，邱吉尔善于抓住问题的全部因素，善于应用多方面的知识解决问题。邱吉尔的这种思维品质就是思维的广阔性。

　　法国大革命前夕，很多人信仰上帝。教会认为，上帝是全智全能的，而且充满仁慈之心。当时，唯物主义哲学家狄德罗认识到，上帝的存在与现实不符，于是，就对教会理论进行了反驳。他说，如果上帝全智全能，那他将有能力消除世界上的丑恶、残暴、伪善等现象；如果上帝充满仁慈之心，那他将会去消除丑恶、残暴、伪善等现象。可是，世界上存在丑恶、残暴、伪善现象，这要么是上帝没有能力消除丑恶、没有能力消灭残暴，要么是上帝不愿意消除丑恶和残暴。不论哪一个结论，都证明全智全能且充满仁慈的上帝是不存在的。

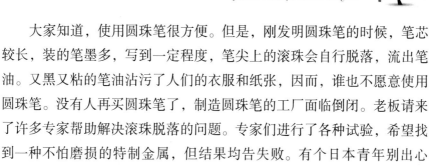

大家知道，使用圆珠笔很方便。但是，刚发明圆珠笔的时候，笔芯较长，装的笔墨多，写到一定程度，笔尖上的滚珠会自行脱落，流出笔油。又黑又粘的笔油沾污了人们的衣服和纸张，因而，谁也不愿意使用圆珠笔。没有人再买圆珠笔了，制造圆珠笔的工厂面临倒闭。老板请来了许多专家帮助解决滚珠脱落的问题。专家们进行了各种试验，希望找到一种不怕磨损的特制金属，但结果均告失败。有个日本青年别出心裁，他没有按照其他人的思路去寻找金属材料，而是把装笔油的管芯截短，不等滚珠脱落，笔油已经用完。人们再也不会因为笔油弄脏纸张和衣服而嫌弃圆珠笔了。从此，圆珠笔畅销全世界，老板生意兴隆。

这个日本青年不是盲从他人的思维模式和思考方法，而是独立思考，独辟蹊径。这种思维品质就是思维的独立性。

古时候，有个先生教了两个学生。经过一段时间的学习，先生想考一考这两个学生，便给他们每人一两银子，看谁先买到一种能装满一间房子的东西。他们接过银子，都积极地思考。一个学生想，能装满一间房子的东西肯定体积又大又便宜。于是，他立即赶到集市上，买了几大车稻草回来。银子用完了，可稻草还不够装满一间房子。另一个学生思考片刻，便眼睛一亮，想出了好主意。他只用半两银子买回几根蜡烛，在一间房子的各个角落都点起蜡烛，烛光充满了整个房间。

不论让谁评判，肯定都说第二个学生聪明。第二个学生的思维灵活、敏捷。思维灵活性高的人，善于随机应变，能够从多个角度、应用多种方法解决问题。思维敏捷性强的人，思考速度快，能在短时间内应用有关知识出色地解决问题。

上述各种思维品质互相联系，很难分离。这些思维品质都不是天生的，都是在各种思维活动中培养的。培养良好的思维品质的方法是：开拓知识视野，积累丰富的经验，掌握各种思维方法，不断思考问题、分析问题、解决问题。

各个科目的教学，通过有目的的反复训练，不仅可以矫正学生不良的思维习惯，而且能使良好的思维品质得到培养。下面结合语文教学来

第四章　教出有素质的学生

谈谈如何培养学生的思维品质

一、培养思维的独立性

独立性，指思考者善于独立地提出问题和解决问题，不拘泥于已有的固定模式或他人的见解，不盲目地肯定一切或否定一切，能对事物质疑，具有自觉探索、除旧布新的特征。培养思维的独立性可从以下几方面入手。

1. 鼓励怀疑发现

善于怀疑，察微审思，可以锤炼思维的精细深刻。阅读《杨树》一文，有学生提出"房前钻天柳（箭干杨），房后鬼拍手"中的箭干的"干"应改为"杆"。教师肯定其发现和读书的认真，鼓励大家再去发现课文语言上的疏漏之处或值得推敲的地方。①"云杉长成20厘米直径以上的木材……"改为"云杉长成直径20厘米以上的木材"更好。②把"河南中牟县大关庄发现的大关杨（小叶杨与钻天杨的天然杂交种），生长快，尤其适于纤维用材"，改为"河南中牟县大关庄发现的大关杨是小叶杨与钻天杨的天然杂交种，它生长快，尤其适于纤维用材"在语气上更自然顺畅。

学习《信陵君窃符救赵》，有两名学生提出侯嬴"为大梁夷门监者"，"夷门"，课本注为"魏国都城大梁的东门"，为何不直接写成"为大梁东门监者"呢？教师鼓励大家查工具书，明白了：夷门故址在今开封城内东北隅，以在夷山之上得名，后人也以夷门指开封。文章这样写不仅有地理原因，而且在表达上用借代。鼓励怀疑发现，正是训练学生"读书无疑者须教有疑"。

2. 提倡抗压、否定

有名学生看到日本丰田汽车公司的一则广告："车到山前必有路，有路必有丰田车。"提出疑义："未必是'车到山前必有路'。"她在文中写道："'车到山前必有路'是流传甚广的俗语，有人以此为生活信条，对什么事都是消极对待，任其发展，自己不作任何努力，遇到阻力

常以'车到山前必有路'为理由等待别人来为他创造条件，给自己的不努力寻找借口，结果往往导致失败。""'车到山前必有路'绝不是当代青年应有的生活信念和做事准则，其危害在于消极等待，听天由命。在改革创新的时代，我们的生活原则是：奋发、进取、探索、开拓。对类似于'车到山前必有路'的陈旧观念和处世态度应当给以重新认识、评价。"

抗压、否定不仅要有胆量，更需要见识。教师培养学生这种思维品质，重在提倡学生掌握常规，又不为常规所束缚，了解别人的经验，同时看到经验的局限性，敢于抗压、否定，提出自己的新见解，不怕被视为"谬论"。

3. 引导自变更新

自变更新，即不固执己见，能从善如流，通过再认识，主动发现个人原有认识中的不正确成分，从而加以更新，提高认识水平。

独立性是创造性思维的基本品质之一。阅读写作中，在注意培养思维的独立性品质的同时，还应注意培养思维的灵活性品质。

二、培养思维的灵活性

1. 多角度发展

多角度发展是发散思维的活动形式。这是一种广辟蹊径、开阔思路、寻求多种答案的思维训练。一词多义，从列举义项到选择义项；一则材料，从不同的角度选择论据，论证不同的观点等，都是发散思维的初步训练。从多种角度来认识同一材料，选择确定写作中心是训练思维灵活性的常用方法。

如写评述性议论文，选用的材料是：报载，某地一位农村女学生在1996 年高考中以 660 分的优异成绩被名牌大学录取。可她却忧虑上学的费用。一家生产健脑口服液的企业闻知此事表示愿出万元资助，条件是要让这位女学生在电视上为他们做广告，说她是服了这家企业生产的健脑口服液后头脑敏捷，才取得这样的好成绩。这位女学生说："我家清贫，上中学的学杂费都是父母东拼西凑的，我从来没喝过口服液，也根本喝不起，是老师的辛勤教诲和自己的刻苦攻读，才取得这样好的成绩。如果我违心地做了广告，今后在社会上还怎么做人？"作文指导时，教师启发学生列举这则材料的写作角度有以下七种：①人穷志莫短；②金钱与人品；③德高才自高；④在两次"考试"面前；⑤真话的魅力；⑥创意广告要走正道；⑦"腐蚀孩子者"诫。这七个写作角度的列举，无疑训练了学生的发散思维，使他们开阔了眼界，为选择写作角度提供了条件。

2. 求变中探索

将已有的知识变换一个角度认识，可以引起新的思考探索，达到训练思维灵活性的目的。学习《愚公移山》，为了引导学生认识移山的公益性，理解愚公移山精神的感人力量，抓住人物的年龄设问："移山是一个群众运动，参加移山的人中年龄最大的是谁？年龄最小的是谁？"学生回答，年龄最大的是愚公，年纪将近 90 岁，理解"且"的意思；年龄最小的是遗男，年纪大约 7～8 岁，理解"龀"的意思。再问："这样小小年纪的孩子跟老愚公移山，他父亲肯让他去吗？"学生思考后回答，他没有父亲，或他是孤儿，借此理解"孀妻"、"遗男"的意思。这样训练学生在求变中探索，引导学生积极思考，从不同角度钻研课文，深入理解文章内容，有利于开拓学生思路，培养思维的灵活性品质。

3. 选择中创优

写作中，在有了一种思路的情况下并不满足，而是用心寻找更佳方案，可以培养思维的灵活性。一名学生在作文评讲时，介绍自己写半命题作文《……的力量》的构思过程："开始我拟好了题目——《母爱的力量》，但觉得太常见，是一般的构思路子，随后改成了《集体的力量》，又觉得难以写出新意来。我反复思考，'力量'的显示如果能在对比中表达，并能产生久远的力量，莫过于震撼心灵的语言了。于是我将题目改为《唇舌的力量》，以'唇舌'形象地借代语言，试图表现由

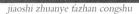

于道德修养和文化水平的差异，在社会交往、教育过程、外交场合、心理咨询、道德建设等方面表现出巨大的反差，表达了美好语言的力量在人类生活和精神文明建设中的重要作用。"她的善于在选择中创优的构思体会给了其他学生不少启示。

三、培养思维的深刻性

对于思维深刻性的培养，可用以下方法。

1. 加大联想跨度

保持较大的思维跨度，能动地、深入地认识问题，容易取得思维速度和思维功能。

教师应具有什么样的知识结构，是中学生喜欢议论的问题。一般人都赞成博与专相结合的知识结构，在博的基础上确立专的目标。如何把问题论述清楚呢？抽象空泛的说理枯燥乏味。有的学生展开联想：专好比是树的主干，博好比是树的根系，一棵大树要长得雄伟挺拔，不仅要有粗壮的干，而且要有发达的根。有人还这样联想：博，如同喜马拉雅山；专，好比是珠穆朗玛峰。没有博的基础，专是"立"不起来的。显然，后者的联想跨度比前者要大，说理也更深刻，言简意赅，耐人寻味。

2. 提高辩证水平

科学的思维方式最重要的特点是它的辩证的性质。作文教学要重视学生辩证思维能力的训练。对立统一规律是辩证法的核心。作文教学可以通过诱导、生活发现、读书思考等方式激发学生辩证思维的火花。

3. 增强统摄能力

学习了《甲申三百年祭》，写《李自成起义失败的启示》的作文。有人针对起义军生活作风的腐化展开阐述，也有人针对骄傲轻敌、战略失误进行论述。但另有一部分人翻阅史料，综合课文及练习中的史实，全面深入地评述李自成起义军失败的教训，从中得到启示：针对进京后，将士贪图享乐、斗志松懈，得出生于忧患、死于安乐的启示；针对对吴三桂策略及收复河南州县方针的失误，得出要取得斗争胜利，必须识大体、顾大局的启示；针对领导集团内部各自为政、李自成指挥失灵，得出团结才有力量的启示；针对进京后，没有组织力量全歼官军、扫除后患的错误，得出行百里者半九十的启示。这部分学生综合运用材料，全面、深入地分析问题，表现出较强的思维统摄能力。

培养思维深刻性的品质，离不开对认识论的学习。语文教师有责任通过反复训练，使学生在认识现象和本质、对立和统一、一般和特殊、肯定和否定等关系上提高辩证分析能力，以期达到掌握规律的目的。在培养思维品质的过程中，教师的作用是不应忽视的。

学生思维品质的培养，须经过严谨、科学的教学活动过程。在整个过程中，教师应发挥主导作用，主要表现在以下几方面。

1. 教师的期望

教师的期望对培养学生的思维品质有重要的作用。教师深信每个学生的大脑都有巨大的潜在能力，期望每个学生都能具有良好的思维品质，且坚持按科学的方法训练学生的思维，始终如一追求期望的目标。这是实现期望的前提。同时，要使学生有所发现，有所创新，爆发出思维的火花，必须让学生有一定的"心理自由"和"心理安全"，而在期望支配下的教师的各种活动，诸如鼓励质疑、启发联想、肯定发现、表扬创新等，无一不是造成学生"心理自由"和"心理安全"的条件。

2. 教师适时引爆点火

教师适时激疑，引爆点火，促使学生积极思维，深究问题，对于培养学生良好的思维品质有诱发作用。小说《泼留希金》中有"'我们的渔翁又在那里捞鱼了。'一看见他在四下里寻东西，农人们常说"的描写。教师适时引爆："捞鱼和泼留希金的行为有何联系？作者为什么这样比？"顿时点燃了学生思维的火花：渔翁捞鱼撒出网去，无论是鱼还是虾，也不管是大鱼还是小鱼，统统捞上去，而泼留希金聚敛财物，东西不分巨细，价值不论高低全部拿回家，正像渔翁捞鱼一样。这样写，正突出了他的贪婪。显然，学生运用特征迁移进行思维，表现出思维的

灵活性品质。

3. 教师善于揭示规律

写作是创造性的劳动，不仅需要创造性思维，更需具备良好的写作心理。而写作心理又直接影响到思维品质的培养，因此培养学生良好的写作心理正是培养良好思维品质的前提。针对学生写作急于求成、欲一蹴而就的现象，向他们揭示中学生写作的渐进性、跳跃性的规律，培养注重积累练笔、持之以恒的心理；针对学生写作草率、不愿多加修改的毛病，揭示写作是艰苦的脑力劳动，要有严谨作风，培养一丝不苟、刻意求新的心理；针对学生作文议题缺乏针对性的情况，引导认识作文是生活的需要而不是生活的点缀的规律，培养学生为时而作、有感而发的心理，这些规律的揭示和良好写作心理的培养，对良好思维品质的形成，会产生促进作用。

4. 教师组织信息交流

教师有目的地组织学生进行学习语文的信息交流，如学生讲评自己的作文，介绍写作体会，班级开展佳作评选活动，进行时文选读等，不仅广泛交流了阅读、写作信息，更主要的是交流了思维信息，对培养良好的思维品质能起到学习借鉴的作用。

第四章　教出有素质的学生

第四节　培养学生的意志力

　　意志作为一种非智力因素，同时也作为一种心理素质，在教育中起着越来越重要的作用。教师要引导和教育学生要有坚强的毅力、锲而不舍的精神，才能培养自己良好的意志品质，而良好的意志品质对人的一生都会起到积极的促进作用。

　　人的坚强意志不是凭空产生的，它是生活磨炼的结果。在学校教育条件下，判断学生意志品质的特点，教师可以通过以下各个方面的内容来得出结论：

　　1. 通过日常生活了解学生的意志特点

　　①是不是按时起床，是否经常睡懒觉；②在日常事务中，是不是经常缺乏主见，要别人帮助拿主意；③是不是经常凭兴趣做事，不感兴趣的事从来打不起精神；④能否长时间做一件重要但枯燥无味的事情；⑤当天夜里想好急着要做的事情，到了第二天是不是变得无所谓了。

　　2. 通过学习生活了解学生的意志特点

　　①对比较复杂难做的作业，是不是能坚持到底独立完成；②对不容易理解的课文内容，是不是有强烈要弄明白的决心；③对学习成绩是不是看得很重，是不是常常为不好的考试成绩难过好几天；④对自己目前学习状况的评价如何，是满足现状还是很不满意；⑤是否理解当前学习和将来志愿之间存在着相应的关系。

3. 通过文体活动了解学生的意志特点

①学习一项新的活动内容，学生的兴趣和对待困难的态度如何；②在文化学习和娱乐发生冲突时，学生的处理方法如何；③长跑时是不是咬紧牙关，坚持到底；④学生理解文体活动意义的深刻性如何；⑤是不是照常参加自己不感兴趣的活动，并持认真态度。

4. 通过学生的交往活动了解学生的意志特点

①能不能和同学宽容相处，在小事情上能否做到谦和礼让；②在和别人争论时，是以理服人还是以势逼人；③同别人闹了别扭，是责任对方还是反省自己；④交往面如何，处在群体的什么位置上；⑤同生人交往，是落落大方还是胆小怕羞。

教师可通过在以上活动中学生的基本表现，对学生的各种意志表现做出评定。针对每个学生的具体情况，提出增强意志力的培养计划。当然，学生的意志特征受其理想、信念和世界观的指导，在社会生活中形成又表现在整个社会生活的各个方面，局部的观察往往只提供某些个别方面的特征而不是他的全部。一个在教室里愁眉苦脸学习的学生，在操场上可能生龙活虎、活泼愉快，而在劳动中又可能是不怕劳累的人。为此，以上的评定材料只有在长期观察的基础上才具有重要的参考价值，如果只以学生的一两次表现或偶然的行为给学生做出结论，显然是不科学的。

培养学生良好意志品质，可从以下几方面着手：

一、培养明确的生活目的，确立明确的奋斗目标

生活目的，人人都有，但性质、特点各不相同。比如，有的清楚，有的混沌；有的正确，有的错误；有的稳固，有的动荡；有的比较单纯，有的比较复杂。不论是哪一类，哪一种生活目的，都会对意志品质产生这样或那样的影响。要培养学生坚强、健康的意志品质，就必须使他们树立明确的、端正的、稳固的生活目的，就必须注意使其在较复杂的生活目的中，选择那种健康的、有益于人民和社会的生活目的，作业

主导的生活目的，节制、消除那些有害的生活目的。

青少年学生只有有了明确的、稳定的生活目的，才有可能为此而克服重重困难，争取达到希望的结果。

二、增强育人的社会责任感，促使学生树立远大志向

辛勤的父母和教师们应该明白，儿童是一个社会的人，他们必定要踏入社会与他人交往，并从事社会工作。而社会迎接他们的并不都是鲜花和微笑，更多的是困难和挫折。因为生活是严峻的，对所有的人都如此。更何况在科学技术飞速发展、改革开放的今天，对年轻一代的思想品德素质、科学文化素质和心理素质都提出了更高的要求。假如在幼年和少年期竭力替他们清除掉生活道路上的所有困难和障碍，那就为他们的生活设置了更大的困难和障碍。因此，父母和教师应增强社会责任感和义务感，帮助儿童明确自己的生活目标，树立远大的志向，提高做事的自觉性和目的性。明代著名地理学家徐霞客的母亲就是一位具有卓识远见、豁达明理、善于促儿立志的母亲。徐霞客年轻时代就立下胸怀五岳、云游海外之志。但由于母亲年高，需要侍奉，所以不便远游，这使他内心充满了矛盾。母亲不仅早就发现儿子的超群之才，而且也早就一反当时社会读书做官的普遍世俗，既不鼓励儿子走科举仕官之途，也不愿因为自己的缘故而使儿子囿于家庭这个小天地。她勉励儿子：好男儿志在四方，不能像关在篱笆里的小鸡雏、套在车辕上的小马驹，坐困于狭小的天地。她亲手为儿子准备行装，还特意为儿子缝制了一顶远游帽子"以壮行色"。在母亲的勉励下，徐霞客走上了历时4年的科学探险的征途，历尽艰辛，不负母亲厚望，写出了我国第一部地形地理专著——《徐霞客游记》。

三、激发实现奋斗目标的强烈欲望和责任感

人们无论做什么事情，只有明确的目标是不够的，还必须有实现目标的强烈欲望和责任感。比如，运动员要打破世界纪录，不仅要目标明

好学生是教出来的

确，而且要有强烈实现目标——打破纪录的欲望和责任感。这种责任感和欲望不仅可以提高他们的意志力，而且还可以增强他们的力量。同样，运动员在有较强对手参加比赛的情况下，容易取得较好的成绩，如果同较弱的对方比赛，则不容易有多大长进。又如泰山的挑夫，他们也有强烈实现目标——登顶的欲望。泰山从山麓的红门到山巅的玉皇顶，共 7000 多级，而且越上越陡，到十八盘，每盘 200 级，差不多是直上直下了，每登一级都要付出极大的力气。

对于一般的游客来说，一日登山并下山，即使是空手攀登也是很紧的事，可是泰山的挑夫却要从中天门出发，肩挑 120 多斤的沙、石、砖块，一日上下两个来回，其勇气、力量、意志是一般人比不了的。支撑着他们这种艰苦的意志行动的力量恰恰就是强烈实现目标的欲望和责任感。

四、提高情绪和情感对意志的支持作用

情绪和情感与意志是相互作用的。意志努力可以在一定程度上调节、控制情绪和情感，而情绪和情感也可以在一定程度上影响意志的表现。青少年学生的情绪和情感正处在走向成熟、日益丰富的时刻，调动得度，将会对意志产生明显的作用。

教育者的任务在于帮助青少年增强积极的、健康的情绪和情感体验，形成青少年旺盛的工作、学习和劳动的热情以及持续活动的意志力。经验表明，人在愉快的时候工作，不知疲倦，可以坚持更长的时间；人在激愤的时候，会有加倍的力气，而且不怕危险，敢于战斗。反之，人在消沉的时候工作，则提不起精神，坚持工作时间短，怕风险，不敢斗争。鉴于此，教育者的任务是不仅要帮助青少年学生增强积极的、健康的情绪和情感体验，而且还要尽力引导青少年学生克服消极的、不健康的情绪和情感体验。

五、在教育教学活动中培养学生的意志品质

坚强的意志，要在实践中锻炼。要有意识、有计划地把整个教育教学活动变成锻炼学生意志的实践活动，而且这是锻炼学生意志的最基本的途径。

诸如从上课专心学习到认真做课外作业，从课内学习到课外活动，从德育活动到劳动活动、体育活动、生活作息等，都要针对学生的特点培养和锻炼学生优良的意志品质。引导学生同学习中的各种困难作斗争，就是最经常的锻炼。关键是要制定计划，对不同年级的学生提出不同的意志锻炼要求。

1. 从学生作息制的角度来培养学生的意志品质

作息制要求学生必须遵守学校的统一作息制度，在家里也必须有严格的作息规定。某校要求晚上与清晨都有一段学习时间，这段学习时间的确立，由学生、家长、班主任商定。此校学生一般都有晚自习与早读习惯，学习时间在 2 小时以上。为了培养学生的个人意志，提高学生的自觉性、坚持性、自制性，此校还进行了如下工作：

（1）规定严格的纪律，要求学生自觉执行。其中较为突出的是引导学生严格遵守课堂纪律，认真完成作业。在学校里，无论哪位教师走进教室上课，教室里总是肃静无声。即使是自修课，老师不在教室，班级里一般也不会有走动的声音，也很少有讲话的人。各个学科也有严格的作业要求。为帮助学生养成自觉完成作业的习惯，许多班级都派有学生干部每天检查学生的作业，并作记录。

（2）改革学生工作，培养学生的自治、自理能力。班里实行管理班级制。这种制度包括：学生自己组织班级领导班子，自己组织班级纪律管理、宣传、卫生等工作，自己组织班级讲评、班会，还搞班长轮值制。有些班级为了培养学生的管理能力，还实行了学生干部化制度，让学生轮流执管小组、班级，人人争当班干部，学当管理人员。这样做，自然有许多方面的意义，其中对学生学习自觉性、自制性的培养也是显

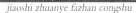

而易见的。

2. 在劳动活动中培养学生的意志品质

学生在劳动中会遇到很多困难，克服困难需要毅力。要使学生自我发现、自我认识、自我教育，在较长时间内去努力完成有一定难度的劳动任务，经受锻炼，这样才能培养坚定的信心、顽强的意志、持久的耐性。培养学生顽强的意志，需要一个过程，老师要细心观察他们在进行某种劳动实践中遇到什么困难，要帮助他们确定适宜的进取目标，让他们在向着这个目标前进的过程中保持高昂的情绪、强烈的欲望和旺盛的斗志。抓住学生好的构思和行动，给予更多的时间和鼓励，给予更多的关心和帮助，激励他们接受困难和挑战，深信经过自我努力，前面一定会有新的成功机会，从而去努力、去改变、去完善，付出更有价值的劳动，一直达到成功才罢休。

六、加强早期教育，从小锻炼学生的意志

对儿童意志品质的培养和训练应从儿童开始摆弄玩具和可以接触到对象就开始。早年的熏陶和教育在一个人性格的形成中将留下深深的印迹。捷克著名教育家夸美纽斯曾说："一个人的整个生活全以儿童时期所受的教导为转移，所以，除非每个人的心在小时候得到培养，能去应付人生的一切意外，否则任何机会都会错过。"

1987 年 1 月，75 位诺贝尔奖获得者在巴黎集会。有人问一位诺贝尔奖获得者："你在哪所大学、哪个实验室学到了你认为是最主要的东西呢？"出人意料，这位白发苍苍的学者回答说，是在幼儿园。

"幼儿园学到些什么呢？"学者答："把自己的东西分一半给小伙伴们，不是自己的东西不要拿，东西要放整齐，吃饭前要洗手，做错了事情要表示歉意，午饭后要休息，要仔细观察周围的大自然。从根本说，我学到的全部东西就是这些。"这位学者的话，代表了到会科学家的普遍看法。由此可见，良好的早期教育对一个人的一生起多么重要的作用。

从小让儿童学会独立生活，自己能做的事自己做，培养独立生活能力，独立学习、交往、工作能力，学会不怕困难和克服困难，对培养坚强的意志品质具有重要意义。对孩子过分的关心，过细的照顾，使其形成依赖心理，不能独立生活，当然谈不上意志锻炼。不关心、不爱护孩子自然不对，但只关心，而不让孩子进行意志锻炼，就像关在笼中的鸟一样，永远也飞不起来。

"如果大人越是不让孩子付出紧张的努力而去满足他的愿望，那么，在孩子的生活中高尚的意志品质就会越少。"（苏霍姆林斯基语）

七、针对意志特点，培养学生的意志品质

（1）针对学生的年龄发展阶段的意志特点，锻炼学生的意志。据研究，自觉性品质在小学阶段较薄弱，有的孩子还可能出现下降趋势，因此，应该加强培养。在小学阶段，自制性品质相对更弱些，而且，从小学二年级到四年级这个时期发展缓慢，这个阶段就要加强培养。要花大力气对小学生进行意志抑制机能的锻炼，培养他们克制自己的欲望、兴趣、冲动、恐惧、懒惰、害羞等情绪和行动。果断性品质则是在小学一、二、三年级薄弱，坚持性品质也是在小学二年级以后发展缓慢。初中三年级以前受暗示性较突出。初中二年级以后独立意愿强烈突出。初中生轻率冒失行动突出。初中生，尤其是二年级自制力较差，等等。总之，要依据学生意志发展的特点进行锻炼培养。

（2）要针对各个学生的意志特点，培养良好的意志品质。锻炼学生的意志，要针对不同的个性。由于各种因素的影响，不同学生具有不同的意志特点与弱点。有的勇敢、急躁，需着重培养自制力；有的冷静有余，果断不足，需要重培养果断性；有的听话、服从，但独立性差，需着重培养独立性；有的依赖性强、自卑心重，就要培养独立性与自信心；有的任性、倔强，就要帮助学生区分任性与独立性的界限；有的胆小、怯懦、腼腆、畏首畏尾，就应培养大胆、勇、果断精神；有的冒失而轻率，就应培养冷静、沉着、克制约束自己的能力；对虎头蛇尾、有

始无终、缺乏坚持性的学生，则应培养其恒心、毅力、韧性与克服困难的精神等。这就要求教师与家长要了解、分析学生品质的优点与弱点，有针对性地比较机智地采取学生乐于接受的锻炼措施。

八、创设特定的情境，使学生在实践中锻炼自己的意志品质

意志的形成关键在于通过实际活动进行锻炼。成人要善于把儿童置于克服各种各样的而又力所能及的障碍和困难面前。当儿童在活动中遇到困难时，成年人要给予鼓励和指导，使他经过努力克服困难。儿童能在许多小事中通过练习磨炼出坚强的意志，那么在大事中就能把这一品质表现出来。同时，儿童已形成的道德行为会随环境条件的变化而变化，具有反复性，因此应当给他们创造反复实践良好行为的环境。

中国人民大学附中制定了一套"磨难教育"计划。1994年3月31日，首批400多名初一学生在老师的带领下走出校门，徒步往返15公里到解放军某部接受内务和军事训练。中午饭是学校统一要求的"馒头就咸菜"。

九、引导学生进行意志品质的自我培养与锻炼

意志既然是人的一种为实现预定目的，有意识地支配、调节自己行动的心理现象，因而它必然是可以自我感觉、自我体验的，也是可以自我培养的。

而且，培养学生良好的意志品质必须通过自我教育才能真正起作用。随着儿童年龄的增长，自我教育在他们的性格培养中将会起越来越重要的作用，因而要重视引导学生进行意志的自我锻炼。"最大的胜利——就是自己征服自己的胜利"，"从童年起就要学会支配自己，命令自己，掌握自己，要迫使自己去做就该做的事情。"（苏霍姆林斯基语）应从以下几个方面引导学生进行意志的自我锻炼：

（1）启发学生认识意志锻炼的重要意义。提供意志坚强的榜样，激发学生产生自我锻炼的强烈愿望。例如，美国科学家富兰克林年轻时就激发起自我锻炼的强烈愿望，为自己制定过 13 条要求，也就是他的修养和意志锻炼的要求。①节制欲望：在吃饭与喝酒上要有节制。②自我控制：对待别人要能克制忍让，不可怀有仇恨。③沉默寡言：少说实话。④有条不紊：所有的物品都要井然有序，所有的事情，都要按时去做。⑤信心坚定：信守诺言，出色地完成自己所承诺的任务。⑥节约开支：把钱用在对自己对别人都有益的事情上，不要错花一分钱。⑦勤奋努力：永远要抓紧时间做有益的事情，不要浪费时间。⑧忠诚老实：不要说有害于别人的谎话，要表里如一。⑨待人公正：不以不端的行为或者办事不诚实去损害别人。⑩保持清洁：保持身体、房间清洁卫生。⑪心胸开阔：不要为令人不快的区区琐事而心烦意乱、悲观失望。⑫谨言慎行：要使自己的言行符合每一条道德准则。⑬谦逊有礼。这 13 条，有些直接涉及意志锻炼，有些虽然不直接涉及，但要全面做到，也是一种意志锻炼。

（2）教育学生思考人生目标，树立远大理想，从小立志成才。同时引导学生学会掌握自己的欲求和愿望，不提出过高的不能实现的目标和要求，树立生活信心和积极的人生态度。

（3）引导学生学会制定意志锻炼的计划，针对自己的意志弱点进行锻炼。世界文学名著《复活》、《安娜·卡列尼娜》的作者列夫·托尔斯泰在十七八岁时发现自己身上明显的弱点是：急躁、懒惰、缺乏毅力，什么事都想干，却都难以干到底。他深感这种性格弱点是他实现人生理想的巨大障碍，于是下决心改掉它，终于成为世界文学巨匠。林则徐自幼爱学、好强，从少年起就满怀爱国之情。但他脾气急躁，遇事易怒，以致常把好事办坏。他听从父亲的教育，下决心改掉这些毛病。他写下"制怒"二字，制成横匾，悬于自己书房墙上提示自己。

（4）要锻炼自己控制自我的能力。要学会预见行为的后果，要在意志行动进程中或行动后，养成自我检查的良好习惯，要学会控制自己

好学生是教出来的

情绪与行动的冲动性。要学会自我监督、自我提醒、自我激励、自我忍耐、自我转移、自我安慰、自我抑制，以及应用意识调节、语言调节、活动调节、暗示调节等各种自我控制的方法。

（5）坚持参加体育锻炼，不仅可以锻炼身体，而且可以锻炼意志。坚持体育锻炼，有意识地锻炼勇敢、坚强、机智、果断等意志品质。

第四章 教出有素质的学生

第五章　教学生快乐地学习

著名教育家陶行知曾给学生上过一堂生动的教育课。他把一只大公鸡和一把米放在桌子上，然后按住公鸡的头，强迫它吃米，可是大公鸡只叫不吃。他掰开鸡的嘴，把米硬往里面塞，大公鸡拼力挣扎，还是不吃。最后他把鸡放到桌子上，自己后退了几步，大公鸡却啄起米来。

陶行知借此喻示了一个道理：如果强迫孩子学习，他是不快乐的，就算勉强学了，也是食而不化，迟早要还给先生。同样，如果让孩子们每天疲于应付家庭作业、教辅材料、才艺辅导，他们很容易产生逆反、畏惧的情绪，引发厌学、畏学心理；如果把他们从过重的课业负担中解放出来，引导他们快乐、自主地学习、成长，效果可能就大不一样了。

所谓好学生，应该是一个身心健全、全面发展的学生，应该是在一个自由、健康、快乐的环境里成长起来的学生。作为教师，要学会营造一种和谐的氛围，让孩子们体会到求知的乐趣，感受到学习的快乐而不是厌烦学习。

第一节　关注学生心理健康

　　为了顺应现代教育的发展要求，老师不仅仅是人类文化的传递者，也应当是学生心理健康的塑造者和维护者。特别是班主任，更应是学生心理健康教育的导师。

　　要对学生进行心理健康教育，首先要提高教师的心理素质。心理健康的教师对学生的培养起着巨大的引导和感染的作用，而有心理健康问题的教师对学生又会产生很大的不良影响。

　　美国《各级学校的健康问题报告》中专门指出："由于情绪不稳定的教师对于儿童的决定性影响，就不应该让他们留在学校里。一个有不能自制的脾气、严重的忧郁、极度的偏见、凶恶不能容人、讽刺刻毒或习惯性谩骂的教师，对于儿童心理健康的威胁，犹如肺结核或其他危险传染病对儿童身体健康的威胁一样严重。"教育实践经验告诉我们，中小学生明显地带有易感性、易变性和可塑性。一个在学校受到教师心理健康问题影响的学生，在整个一生中都会在心灵里保留着灰暗的心境——如在焦虑的教师调教下，学生也容易变得焦虑、紧张和恐惧；在敌对、偏执的教师手下，学生容易产生相应的敌对、偏执以及缺乏自信和尊严等——一旦在人生发展中遇到相应的情景，青少年时代的失败和蒙受羞辱的记忆就会使他失去挑战的勇气、自信和毅力。一个情感能力发展在中小学就受到压制的孩子，命运就会对他们产生不公正的待遇。

在歧视中成长的孩子，不仅学习成绩提不高，而且情感发展也容易扭曲。

教师承担着"传道、授业、解惑"的职责。教师的衣着、表情、言谈举止的风度以及待人接物、为人处事都可能直接给学生留下深刻的印象。高素质的教师在教育中，能给学生创造一种和谐温馨的气氛，使学生如沐春风、兴味盎然、心情舒畅。教师无声的语言悄悄打动学生的心，达到效仿疗法的目的。只有这样，学生才能在思想、学习、生活等方面健康地成长。

在施教过程中，教师应特别注意从以下两个方面来规范自己的行为：

首先，教师要树立正确的教学观、学生观，尊重学生的人格。教师可以不喜欢学生的一切，但必须承认学生是有价值的人。学生由于知识不足，自我意识的脆弱，他们主要是通过父母、教师对自己的态度来获得自己是怎样一个人的概念的，其自我意识、自我评价、自尊、自信都受成人的评价和态度影响。如果教师不尊重学生，他会深信自己无用。所以，教师要热爱学生，做学生的知心朋友。

其次，教师是表率，其自身的心理健康与否也是影响心理辅导的一个重要因素。教师本人的心理障碍会导致对学生的教育和心理辅导的失败。所以，教师也有自觉地调适自身心理状态的任务。要树立崇高的职业道德，对自己所培养的"精神产品"高度负责，不以自己的情感因素横加干涉教育行为。如有不悦，应及时进行自我排遣，或向亲朋好友倾诉，或去医院找心理医生咨询，万万不可把目标转向成长的"幼苗"。

除了提高自身的心理素质，保持自身的心理健康，教师十分有必要全面深入地学习教育心理学，并逐步自觉地运用教育心理学的理论去指导、解决学生中存在的各种错综复杂的心理现象。每一位教师都应注重提高自己的素质，力争成为一名合格的心理健康教育的辅导员。

对学生进行心理健康教育，要对症下药，采取适当的教育措施：

一、营造良好的心理环境，重视学生健康心理品质的培养

健康的心理来自健康的心理环境。作为教师，要营造一种师生之间、学生之间的轻松愉快、和谐友爱的氛围。让学生在"尊重、关爱、民主"的师生关系中，在享受民主中学会民主的态度，在被尊重中学会自尊和尊重他人，在信任的目光中增长自信，在和谐的气氛中学会与人为善。平时我们要注意引导学生严于律己，自觉地进行自我分析、自我评价、自我改造和自我提高，使学生明白"尺有所短，寸有所长"的道理，学会把自身置于集体之中，从周围环境和其他同学身上汲取营养，取长补短。还可在教室里悬挂名人书画，办好校报，以启迪心智；举办竞赛栏、展示栏等评比台，激起学生的竞争意识；开设"心灵之声"广播，引导学生进行心声交流和析疑解难；设立"流动图书箱"，向学生推荐有益读物，引导学生和好书交朋友。这些活动会使学生开阔视野，学会做人。

二、建立竞争机制，培养学生自主自立的精神

首先，要着力培养学生的主人翁意识和责任感。教师可实行自荐演讲上岗制、一日班长负责制、文明示范轮岗制等民主化的管理制度，让每个学生有明确的岗位，各尽所能，在不同层面获得锻炼、提高的机会。其次，还要在班级中倡导合作竞争的精神，开展"争创优胜小组"活动，引导学生在学习、纪律、专长、卫生等方面展开个人与个人、小组与小组的竞赛活动，以"赛"促团结，以"争"显才干。学生在学习上互帮互助，在竞赛中协调合作，在各种活动中学会处理个人与集体的关系，久而久之，自我约束和自我调控能力就会得到提高。

三、创设浓厚的舆论氛围，注重培养学生耐挫折能力

正如轮船在茫茫大海中需要航灯，良好心理素质的培养同样离不开催人奋进的班级舆论。教师要充分利用班会、午间八分钟等渠道举行心

理健康知识讲座，结合班级的突发事件引导学生对班级的不良的现象进行分析，向具有良好心理素质的同学学习，增进学生们对新世纪人才必备的健康心理的认识，让"我能行"、"我真棒"成为学生学习生活的主旋律。此外，还应适时引导他们自觉进行挫折体验，使他们明白人生道路上不可能一帆风顺，若缺乏坚强意志和承受挫折的心理素质，将来就难以适应激烈的市场竞争。还要引导学生正确对待荣誉和失败，不要把荣誉看得过重，不能因为一次没评上"三好学生"，甚至没得到老师的表扬，就产生心理波动。我们要引导学生在挫折面前鼓足勇气，树立继续前进的信心。

四、架设沟通桥梁，适时对学生进行个别心理辅导

学生由于受到家庭、性别、智力、身体等因素的影响，出现的心理问题也不同。教师在矫正时，要以良师益友的身份缩短师生之间的心理距离，架设起沟通桥梁，通过个别谈心、开设"心之声"信箱、"心里话"日记、周记等方式，让学生敞开心扉，及早了解学生的心理需要，多方位、多角度为学生做心理疏导，让每位学生都微笑度过每一天。对后进生的心理疏导更要以爱动其心，以理导其行，用赏识的目光去发现他们的优点，多微笑、多赞美、多关心，让学生体会到老师真诚的期盼，从而自觉学习，奋发向上，发挥自己的潜能。

五、重视家校配合，全方位对学生进行心理健康教育

不少家长"望子成龙"、"望女成凤"心切，以"能考高分的孩子就是好孩子"为标准，给孩子施压，忽视孩子的心理健康教育及综合能力的培养。为此，教师只有通过深入的家访才能了解家长教育孩子的方法是否正确，从而指导家长学习教育子女的艺术，如谈心艺术、批评艺术、拒绝艺术等，使家长重视学生的心理品质教育，能积极主动地配合教师对其子女的教育活动。

学生心理健康教育的实质是对学生的心理结构进行改造、重组、升

华的过程。在这一过程中，我们要培养学生学会自尊、自爱，善于交往，乐于奉献，具有较强的反省能力，能正确对待挫折，勇敢面对现实，有一定的忍耐力；勇于负责，独立思考，不盲目冲动。这是当前素质教育对我们教育工作者提出的基本要求。

需要指出的是，关注学生的心理健康，不仅仅是针对后进生、问题学生、中等生，好学生的心理健康问题也应重视。好学生遇到一些困难和矛盾，就无所适从，无法面对，甚至选择逃避。这种现象在学校里屡见不鲜。老师往往忽视了成绩优异学生的思想教育尤其是心理健康教育，总认为他们是很听话的学生，不可能出现什么大问题。殊不知，这种学生由于从小就习惯于表扬，一旦遇到批评或挫折，就不知如何是好，往往更容易出事。

现在，越来越多的中小学组织形式多样的心理健康教育活动，起到了良好的效果。事实上，在中小学开展心理健康教育活动或设置心理健康课程是一个趋势，学校管理者和教师们应该对此重视。

早在 20 世纪五六十年代，美国就在学校、社区设立了心理咨询、心理辅导或心理治疗门诊。在 80 年代以前，心理健康教育的重点放在个别有心理问题的学生身上。到了 80 年代以后，从事心理辅导的心理学工作者开始将注意力转移到全体学生身上，特别是注意学生心理的健康教育。有关中学生的心理技能训练课程相继推出，有关的心理健康教育活动也相继出现。美国不同的州、不同的学校所采用的基本模式相同，心理健康教育课以活动为主。在活动中把学生分成若干小组，每组大约有 4~6 人，在老师的组织下，分别开展活动。在活动中让学生自己去发现、体验某些心理状态，以此来改变认知观念、接受行为训练、提高心理技能，从而达到学生心理健康教育的目的。

日本在 20 世纪 60 年代后开始重视中小学生心理健康教育。日本学校的心理健康教育主要围绕着提高学生适应现代社会的心理素质而展开，其目的是使学生在获得有关健康、安全知识的同时，提高学生的思考力、判断力，培养学生保持和增强心理健康的实践能力，并将学习意愿、自学能力、独立思考力、判断力和行动能力作为健康教育的基础学习。20世纪90年代以来，日本开始在学校设置心理咨询室，2000年，日本政府开始在中小学设置心理健康课程。

我国香港地区的心理健康教育基本上是模仿了美国的模式。20世纪90年代，许多心理咨询工作者提出心理健康教育要面向全体，以预防为主，因此相应的心理健康教育教材也出版了。有的是单独一门课，由班主任来担任这门课，两周1课时，一学年16课时，每课时35分钟；另一种形式是把心理健康教育的内容纳入到社会课程里，约占课程的1/4，由教社会课的老师来担任。

下面，我们向大家介绍一种心理健康教育活动——诱导式心理健康教育：

> 思路
>
> 诱导式心理健康教育课的教学过程基本上分为4个阶段：
>
> 明镜台：通过活动创设情景，提出问题。主要目标是让学生了解自己的心理水平，也让老师了解学生的心理水平。张老师宣读刘刚给婷婷的"情书"即为此阶段。
>
> 智慧泉：通过师生共同分析、思辨，研究如何解决问题。主要目标是使学生转变观念，在潜移默化中接受行为训练，从而提高心理素质。张玉梅老师提出两个问题，引导学生讨论就反映了这一点。
>
> 回音壁：根据心理课内容，让学生联系实际自我反思，确定目标，进行自我教育。张老师留给学生的作业即为此。如有一个学生在作业中写道："老师，我在小学六年级时喜欢上一个女同学，总控制不住地去想她。我不敢跟别人说，怕说出后，别人会把我当成坏孩子，心里一直很痛苦。上了'青春期异性交往'这堂心理健康教育课后，我的'单相思'心理得到了解脱，原来这种情况是生理发育的正常现象。我以后一定记住您说的，春天的事情春天做，秋天的事情等到秋天

再做。"

启思录：通过精选的文章、诗句、漫画等对学生进行积极的心理暗示，达到进一步的升华。课后，张老师给每位同学提供一篇《男女生交往时应怎样正确把握分寸》的文章，就紧扣了这一点。

特点

诱导式心理健康教育的共性教学方法，是师生通过丰富多彩、精心设计的活动来创设情境、引发问题、分析解决问题。教师运用心理学原理适时、恰当地诱导，加强学生自我教育的能力。通过积极的心理暗示和活动训练，强化学生健康的行为方式。

在诱导式心理健康教育活动课教学的每个阶段中，都要求教师要以会谈、心理测量、生活技巧训练、角色扮演、行为矫治、问题分析等活动为手段，通过学生之间、师生之间的互助、自助过程，让学生获得情感心理体验。在课上，学生积极主动参与，通过自我投入达到自我教育。在这种自助活动中，学生可找到自己与他人的差距，达到进一步认识自我的目的，找到如何提高完善自我的方向，即从别人那里获得心理启发和支持，内化并提高自我心理健康水平。学生通过各种活动获得了解和发展自己的机会，在活动中学生们常常获得成功，满足自我实现的心理需要，促进了他们人格的不断完善。

诱导式心理健康教育模式的关键，不是教师直接向学生传授"答案"，而是通过多种方式、多种手段启发学生感知、领悟，实现学生自我教育的目的。如关于价值观与人的情绪行为关系的教学。老师首先让每个学生回答问题："当你遇到很难克服的困难时，你会怎么想？"全班同学都要说出自己的想法。想法各种各样，有积极的、也有消极的。第二步，教师提出积极和消极的典型想法让学生思考、分析各种不同想法的后

果是什么。经过分析、讨论后，学生总结领悟到：价值观决定人的情绪和行为，因此要不断确立合理的价值观。这样每个学生就会在这种亲身的体验中自觉地完善自己的价值观。

原则

平等性。教师要使自己处于与学生平等的地位，自觉地意识到师生双方在人格上享有同等地位，并且使学生意识和体验到师生双方在人格上享有同等地位。

尊重性。在教育过程中，一定要尊重学生，尊重学生的言行，尊重学生的人格，尊重学生的内心世界。

鼓励性。鼓励学生积极参与，敞开心扉，敢于暴露自己的观点，老师不要轻易地评价。

参与性。学生与教师共同参与到心理行为训练中，完成训练任务。学生自始至终是教育过程的主体，教师要让每个学生有平等参与活动的机会。

目的性。心理行为训练目标一定要根据学生原有的心理水平设计、实施，学生原有的心理水平高，教师的目标就可随之提高，反之亦然。

第二节 营造快乐课堂

"快乐教育法"是英国著名的教育家赫伯特·斯宾塞提出的。"快乐教育"在美国被称为"have fun"，真正的快乐教育让学生在学习中能得到享受，在"享受学习"中学会做人，学会做事，学会生存等等。

课堂是我们实施教学的主要阵地，是实现新课程目标的主要途径，课堂寄寓着师生双方共同的生活意义和生命价值，"每一堂课都是教师生命活力的一部分"。但审视一下现实中的课堂，不难发现：在一些老师的课堂上，学生的学习生活比较沉闷和机械，学生普遍感到有比较大的负担和压抑，缺少自主性和愉快感，在老师"要我学"的威严之下被动而且麻木的接受知识，甚至还有些老师一走进教室，学生便开始"倒计时"……试想，这样的课堂有多高的效率呢？这样的课堂能带给学生多少东西呢？

所以，我们提倡营造"快乐课堂"。

课堂教学蕴含着巨大的生命活力，只有师生的生命活力在课堂教学中得到有效发挥，才能真正有助于新人的培养和教师的成长，课堂才有真正的生活。在"快乐课堂"上，师生能够全身心的投入，他们不只是在教和学，他们还在感受课堂中生命的涌动和成长；在我们悉心营造的"快乐课堂"上，学生才能真正摆脱"活受罪"的压抑感转而获得多方面的满足和发展，教师的劳动才不会是日复一日的简单重复、令学生讨厌，这样一来，在教师的身上，创造的光辉和人性的魅力也就展现出来了。

怎样营造"快乐课堂"呢？

首先，应当充分认识"快乐课堂"中的生命意义。对于学生而言，课堂教学是其学校生活的最基本的构成部分，它的质量，直接影响到学生当前及今后的多方面的发展和成长；对于教师而言，课堂教学是其职业生涯的最基本的构成部分，它的质量，直接影响到教师对职业的感受、态度和专业水平的发展、生命价值的体现。总之，课堂对于参与者具有个体生命价值。有了这样的认识，当我们面对一堂课的时候，就不会总是认为是在为学生的成长付出，不仅仅是在完成上级交付的任务，它同样是自己生命价值的体现和自身发展的需要。

其次，营造"快乐课堂"需要为学生创设自由的氛围，让学生真正做课堂的主人。有一位学者问在日本的中国孩子："你的日语不好，上课发言还那么积极，就不怕出错？不怕别人笑话你？"孩子说："不怕，老师说过，教室就是出错的地方。如果人人都怕出错，不敢说出自己的想法，正确的答案从哪里来呢？让老师一个人讲才是最糟糕的。"教室的确不应该是"老师一个人讲"的地方，因为老师不能剥夺学生自由发言的权力，即使学生讲错了，那也是他们的权力，他们应该有犯错的权力。

老师讲得多，学生听得多，一直是我们教育的特色，甚至有些老师还自以为这就是学识渊博的体现。我们总是在强调打基础，总是讲要掌握牢固的基础知识，因此我们的课堂就总是在传授知识，训练技能，至于什么时候让学生有自由思考与探索的机会，并没有进入更多教师的视野。因为，我们的学生在课堂上没有多少自由活动的空间与时间是一个不争的事实。课堂上学生思考与探索的乐趣源于一个自由宽松的课堂氛围。总是由老师包揽一切的学习，无疑会阻止学生自由探索的冲动，他们也许可以掌握许多固定的结论，但不可能有创新，而没有了创新精神的学生到头来只能成为知识的奴隶。

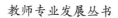

下面我们通过记者的眼光来看一节语文课的"快乐课堂"：

"我们请一位同学来朗诵课文，大家合上课本，仔细听他朗读。"语文老师杨老师的话音刚落，班里分成5个小组的学生已经争先恐后地站起来朗诵课文，最后被一名女生"抢"到了机会，她大声读完课本后，老师说："刚才这位同学读得很好，不过大家觉得这篇课文是不是可以用更强烈的感情来读呢？好，再请一位同学来读课文。"不等其他同学举手点名，一名男生已经站起来朗读课文，一时着急念错了字，引得同学们笑起来，杨老师笑着说："不要着急，再来。"男生声情并茂地读完课文，杨老师问其他同学这次感觉怎么样，大家纷纷说比第一次的感情更投入。"好，听了两个同学的朗读，大家不要翻开课本，回想一下，这篇文章里哪段文字最让你心动？或是给你留下深刻的印象？"课堂里响起小声的议论，原来是各小组的学习组长立即和本组同学进行讨论，一分钟的讨论时间结束后，各小组推荐一名代表回答总结出的内容。"非常好，各组都选出给自己留下最深印象的段落，那么大家来想想为什么这些文字给你留下深刻印象？这体现了本文主人公什么样的精神？……"

随着课堂的进程，杨老师不断地提出各种各样的问题，引导同学们自主去分析文章内容、主题、表达的思想等。紧凑的一课堂，每个学生都在仔细地思考，积极地举手回答问题，而杨老师也把机会分给每个同学，回答对了，立即给予鼓励和表扬，错了不要紧，大家一起讨论错在哪里，马上改正。快乐的笑声始终在课堂上响着，连记者也大受感染，认真和同学们一起听课。

课后，记者随机采访了班里的学生。女生刘悦说："我们都特别喜欢这样的上课方式，很快乐，上课根本不会走神

第五章 教学生快乐地学习

儿。"女生刘彩珍告诉记者，自己刚入学时的成绩不太好，经过两年的新课堂，她爱上了学习，当上了学习小组的组长，和大家一起讨论问题，相互帮助，成绩也一下排到班上前几名。

课后，杨老师对记者说，别看老师不带教案、课本进课堂，但一节课每一步骤、每个提问、如何组织好学生等，都需要老师在课前做好充分的准备。"这课比以前难上了，备课时需要查找更多的资料，掌握更多的内容，但是在课堂上，老师不再高高在上，而是和学生打成一片，课堂变得快乐轻松了。"

营造"快乐课堂"，不能忘记教育的目的，我们实施快乐教育的目的在于让学生高效掌握所学知识。所以实施"快乐课堂"也有一些需要注意的地方：

1. 快乐教育最终目的是使学生高效率地获取知识

一些老师忽略了教学的目的，过分注重"快乐"的氛围营造，结果可能是累人累己。我们实施快乐教育的目的在于让学生高效掌握所学知识，游戏仅仅是辅助的手段，不管我们设计什么样的教学环节，都比较要有针对性、知识性、服务性，最终为教学内容服务。

所以，"快乐课堂"没有一定之规，只要课堂氛围良好、达到了学生爱学、教学效率高的目的，都是好的方式。比如下面这个例子：

袁老师所倡导的"快乐课堂"非常实在：没有特别的活动，少有特设的情景。有的是老师以平易近人的姿态，用自己丰富的文化积淀，将课堂知识引申至现实生活，深入浅出，解析明了之后，再回归课堂。没有声情并茂的演说，只有忘我投入的讲解，带些自嘲，带些幽默，以朋友的身份，接触学生。

老师的课上得是否成功，通过学生的课堂表现，便可知晓。怎样让学生上课时的表现主动积极，和老师默契互动，产

好学生是教出来的

生共鸣？袁老师认为，首先老师得有热情，要热爱本职工作，要对学生充满爱心，以饱满的热情走上讲台，这样才能感染学生，带动他们的听课积极性，营造活泼高效的课堂氛围。

现在的孩子，视野很广阔，知识面也很宽，但是阅读的深度相对降低了，而语文课上，想要很好地理解一篇课文的中心思想，对文章有全面深入的理解，必须能正确理解作者的生平以及作品中主人公所处的时代特征等。而这些知识课本上很少体现，学生又知之甚少，这就要靠老师用自己丰厚的知识积累，深入浅出的讲解来诠释。而这种讲解又是抽象空洞的，因为距离学生的现实生活太遥远了，所以老师必须学会让历史与现实生活实现"接轨"。

比如讲《林教头风雪山神庙》一课时，通过课本上的文字，学生仅是看到了林冲造反这一表象，而对当时社会黑暗、官逼民反的社会现状不了解，感悟不深。于是袁老师就告诉学生，假如现在你们身边有这么一个人，工作很体面，收入很稳定，家庭很幸福，遵纪守法，那么政府会不会去打击他，或夺走他这一切呢？学生回答说："当然不会。"然后袁庆昭又把思路收回课堂说，林冲就是这样的一个人，老实本分，忠于职守，没有生存压力，只想求得稳定，可是当时的统治阶级，让他连"求稳定"这一最起码的愿望都不能实现，害得这样的好人家破人亡。这说明什么？说明当时的社会黑暗，腐败，是残暴的统治阶级，逼迫林冲这样的老实人不得不起来反抗。

学生会出错，老师也会出错。袁庆昭偶尔会在课堂上读错字，惹得学生在下面暗暗发笑。这时，他总是停下来，自我解嘲到："不好意思，又让你们见笑了，这都是我普通话没学好的原因，所以，你们一定要讲好普通话，普通话很重要的。"通过这样的幽默解嘲，不仅活跃了课堂气氛，而且也更进一步拉近了老师和学生之间的距离，让学生感到，老师非常平易近

第五章　教学生快乐地学习

人，就跟自己的朋友一样。

2. 无论怎样快乐的课堂，都要在一定的规则下进行

中国有句古话"无规矩不成方圆"，在课堂教学中也是一样的。我们在组织教学的时候，一定要强调纪律，不要忽略了对学生学习习惯和行为习惯的规范，只有在保证纪律，有规有矩的情况下，才能使我们的课堂有真正意义上的高效，快乐的课堂才有实在的实施意义。

3. 要正确把握快乐教育，老师除了要有丰富的知识外，还要具备较好的课堂组织能力和调控能力，在课堂上创设愉快和谐的学习环境，广泛地激发学生的学习兴趣，使学生获得成功的情感体验。

但是，无论如何，快乐教育仅是一种教学模式，一种教学改革的方向，是一种文化课堂教学效果的方法和手段，和其他教学方法和模式一样，它不是包治百病的良药。快乐情感教学的实施，也绝不意味着每节课的每时每刻都要使学生处在强烈的情感氛围之中。

好学生是教出来的

第三节　快乐语数外

　　语数外是中小学生的主课，如何使同学们在快乐中学好语数外，下面介绍一些方法和例子，供老师朋友参考。

一、如何让学生快乐学习语文

　　在教学过程中，为了激发学生的学习兴趣，要精心设计教学过程，最大限度地调动学生的积极性，促使学生通过视觉器官、听觉器官、语言运用器官的相互联合，主动参与表象的建立、字义的探求。

　　（一）识字教学是小学低年级语文教学的重要组成部分。

　　我们必须运用多种教学方法和手段进行识字教学，激发学生的学习兴趣，提高学生的识字能力，巩固识字的教学成果。下面就如何从愉快教学的角度，把识字和认识事物结合起来，谈谈几种教法。

　　1. 演示法

　　根据汉字的结构规律和低年级学生的心理特点，指导学生看图画、电视录像、幻灯、动物演示及实物等，这样可以激发学生的想象，把无意识变为有意识，把枯燥无味的识记变为形象识记，收到学生乐于记，记得牢的效果。

　　如教"月"字时出示图画，让学生说出是什么，再解释古代的人写的"月"字和现在有所不同，是象形字，有的字还可以作实物演示，如教"把"字时，出示实物扫把，让学生说出实物的名字后，引导学生通过实物与字形比较来理解字义，扫把的"把"字的右边是尾巴的巴，牛的尾巴是用来赶蝇子，蚊子的，尾巴也是用来扫去不干净的东西的，但扫把要用人来拿着扫才能发挥其作用，所以要用提手旁。这样，学生感到有趣，不但对"把"字的含义理解了，而且对字形有深刻的印象。

2. 游戏法

识字教学的"机械注入法"，枯燥无味，很容易引起学生的厌烦情绪，从而影响学习效果。在教学中，可以设计各种与认识事物联系起来的游戏，引起学生的学习兴趣，激发学生的积极性，从而有效地提高识字教学质量。例如：

（1）"找朋友"组词练习。教师把单字片分散给学生，一个学生拿了"云"字说："云、云、云，白云的云，我的朋友在哪里？"另一个拿了"白"字卡片的同学马上走出讲台说："白、白、白，你的朋友在这里。"又如把"去"和"云"合起来，大家齐读"云"，然后让学生说出"云"在什么地方出现。

（2）贴图案，让学生认识事物的方向位置。在教学读拼音识字6的教学中，要让学生明确知道上中下的位置，可以采用贴图案认识事物的教学方法，准备三张有图案的胶片，贴于黑板上，让学生说出图案的所在位置，然后再将图案的次序重新排一次，再让学生说出图案的位置，让学生从感性认识中了解到事物的位置是相对的，不是一成不变的。

3. 提问法

汉字多数是形声字。可以利用形旁表义的特点，在学生初知读音的基础上，提出启发性的问题，启发学生联系与该汉字相对应的事物，采用比较分析法，辨认和识记生字，并理解字义。如教"爸"和"把"，可提问："大家比较一下两个字有什么不同？怎样才能记住他们？"让学生在观察后懂得"爸"是对父亲的称呼，"把"是把东西扎在一起的

捆子或作量词解释。所以"爸"字是用"父字头","把"字用提手旁。又如教"鸭"字，可问学生："你们见过鸭子没有？鸭子是怎样的？为什么"鸭"字用鸟字旁？"通过学习，使学生知道鸭是鸟类的一种，所以是鸟旁。根据形声字的特点，用提问法联系具体事物引导学生进行比较分析，帮助学生掌握形声字的规律，形成举一反三的自学能力，也让学生认识社会、认识自然的事物。

（二）讲读教学是小学低年级语文教学中一个重要组成部分。

我们在教学中，必须用愉快教学的方法激发起学生的求知欲，提高学生的观察能力和理解能力，培养学生的阅读能力。

1. 长文短教

比如在讲读《一次比一次有进步》一文时，由于课文较长，我采用了知识迁移法进行教学，在讲读课文第二段时，老师先请学生齐读第二段。读后提问："小燕子第一次到菜园里观察到了什么？"学生们很快找到了答案，纷纷争着要回答问题。老师说："第三段是否和第二段一样，先听听同学朗读第三段就知道了。"跟着指名朗读第三段课文。听完那两个同学读完后，学生们能说出正确的答案，从而课文的讲解也不用花太多的时间。剩下的时间可以轻松地讲完第四段，还可以让学生表演课本剧。

2. 模拟演示法

在讲读课文时，可采用实物、动作演示，引导同学加深对课文的理解。如讲读《小雨点》一文时，老师准备了下雨时情景的课件，图音并茂，让学生闭上眼睛身临其境地去体验。讲读完课后还请了几个最积极举手发言的学生上来讲讲下雨时自己看到过怎样的情景，最后还请大家想象一下雨点还会落到哪里。有的说落到月球上，有的说落到花盆里，还有的说落到学校的小花园里。学生的思维一下活跃起来，课堂上充满乐学的气氛。

当然，语文课的快乐教学有很多方法，教师可以在教学实践中不断探索。但需要思考的是，语文所训练的不仅仅是文字能力，也包括对人生、社会的思考和认识。这就要从学生切身的生活经验开始。我们以"经典"为主的教材，死守着精读模式，经常一篇课文讲一周甚至更长，一个学期下来，所读的东西甚少，无法适应当今信息爆炸的时代。从这个意义上说，教材的容量太小。

到了中学语文阶段，要真正教出语文水平高的学生，教师应该尝试走出课本模式，采取读本和参考书的模式。比如，我们可以编一些参考读本，所收的文章比课本的容量大数倍，供老师在教学中任意取舍，同时也可以布置学生一些选读、泛读的文章。老师还应该不停地给学生推荐参考书籍。比如在美国的中学学习语文，不仅没有课本，连读本都没有。老师随时给学生选择文章，有些时事性问题，就让学生直接读报刊杂志。这样不仅更能激发学生们的兴趣，而且鼓励他们关注社会、参与生活。

中国的经济和教育发展水平还不高，许多落后地区的师生自己找阅读材料读不容易。所以，一些精选的读本也许还是必要的。但是，用薄薄的课本把学生束缚到"经典"中，等于把他们从真实的生活中拉出来锁在博物馆里，那样很难让学生体会到学习语文的乐趣。教师应该把眼光放宽一些，步子再大一些，要从更广阔的生活中寻找语文的元素，让学生们真正体会到学习的乐趣和意义。

二、在快乐中学习英语

新标准英语教材，强调对学生听、说以及运用能力的训练。而我们的小学英语教学长期以来基本采用以记忆为目标的机械操练教学方式，这样的教学不但会造成学生过重的课业负担，而且会严重挫伤学生学习的自主性，使之产生厌学心理。英语作为一门语言，仅是死记硬背单词、句子，学生是不会取得很好的学习效果的。特别是低年级的学生，在不要求写的情况下，要会说、会在不同的场合中运用所学的句子，教师在教学中就必须要开展多种活动情景、靠学生活动来进行教学，让学生在学习活动中不断激发主体意识、发挥主观能动性和创造精神，从而使学生对英语学习产生浓厚的兴趣，让学生在快乐中学习英语。

（一）课前热身，为学生创造良好的英语学习氛围

俗话说："良好的开端等于成功的一半。"每节英语课开始，我都会用不同的方法为学生创造"英语氛围"。这不仅能使学生尽快进入英语学习情境，还能培养学生直接用英语思维、表达的习惯。

1. 用英文歌曲和韵句，让学生感受英语学习的快乐

英文歌曲和韵句的欢快节奏能激发学生学习的兴趣。课本中提供了许多的英文歌曲和朗朗上口的韵句，例如：good morning 、school、rain、go away 等等。上课时让学生演唱歌曲，或让学生边排节奏边读韵句，能使学生在轻松愉悦中进入新课程的学习，而且，通过唱歌和读韵句还能帮助学生记忆单词和句子。

2.5 分钟日常会话练习，使学生感受英语情境

让学生每堂课前进行对话表演，能提高学生的语言交际能力，还能消除学生怕开口的心理压力。会话的内容要与学生生活实际紧密联系，形式多样化，要保证大部分学生参加语言训练。为此，我在课前 5 分钟选择的内容都是生活的缩影。如：What's your name？How old are you？What do you like? Have you got a bike? What are you doing? How do you go to school? 等等。会话内容可以涉及许多方面，并且注意与前面学习的知识相衔接。进行会话时，既可以师生会话，也可以学生与学生会话，还可以几人一组进行会话练习。

（一）课堂学习，创设多样的教学情景，寓教于乐

1. 运用形象生动的图片，创设直观情景

小学低年级学生的直观形象思维占主导地位，他们对形象、生动，色彩鲜艳的图片非常感兴趣。利用彩色的图片进行单词教学和句型操练，既符合小学生的认知规律，又能吸引他们的有意注意，能够使学生加深对单词的理解，以帮助他们更好地记忆。比如，学生认识各种食品时，老师就把这些食品制作成图片。如：cake 蛋糕；hambergers 汉堡包等。上课时一出示这些图片，同学们就会惊叹道："哇，好香啊!"于

是老师就接着用英语说："Look，this is a cake."接着让学生一起读这个单词，教读几遍之后就让学生自己上来给同学们介绍："Look，this is a cake."学生的积极性一下子就提高了，争着上台表演。以后学了其他单词就可以让几个学生同时拿出图片向对方介绍，比如说："Look，this is a banana." "Look，this is an apple."还可以加上问句："What's this?"等。这样，学生不但学得快，还记得牢，也提高了学习英语的兴趣。

2. 运用实物作道具，创设对话情景场面

小学低年级英语教学主要是让学生多说、多练。让学生运用具体的实物来进行练习，能让学生感到英语知识与自己是如此的接近，也能帮助学生更好地理解句子在具体情境中的运用。例如，老师在教学"Where's my pen?"这类句子时，把它和以前的句子连起来组成一组小对话，通过实物作道具来完成。运用学生自己的钢笔、铅笔等实物，一边寻找它们的位置，一边问："Where's my pen?"然后根据物品的位置，给予回答，学生也就很自然地理解"on" "under" "in"的含义及用法。学生也可以两人一组来进行问答，这样同学们兴趣更高了，都迫不及待地想来一试。

3. 运用多媒体教学手段，创设交际情景氛围

有的口语交际课在进行教学时用人或实物体现不出气氛，就需要多媒体制作软件来帮助完成课堂教学。例如，学 Happy birthday! 这一课时，需要很多人物对话表演。老师就通过寻找有关过生日 party 的音像，再通过软件制作出一个热闹的生日 party 气氛。送礼时说："Here's your present."几个小朋友分别送礼，反复说这句话，让学生自己去了解其含义。接过礼物时说："Thank you."出示生日蛋糕时说："It's a cake."点燃生日蜡烛后小朋友一起唱生日歌，最后说："Happy birthday!"通过场景出示，同学们能够较快地把语音、语义与情景联系起来了解每句话的含义。等学生掌握了基本句子之后，就可以请几个学生来表演一个生日的情景。送礼物，许愿，吹蜡烛等表演得惟妙惟肖，既提高了兴

趣，学到了知识，又锻炼了学生自主学习的能力，充分发挥了学生的主体作用，让他们感到英语学习真是快乐无穷！

4. 运用体态语和游戏，创设活动情景

低年级的学生好动，活动量大，在教学英语动作的单词时，我就利用这一特点边教边做动作，让学生也边说边跟着我做动作。如：tall，short，big，small 等，每说一个词，就做出相应的动作。在学习 watching TV，reading a book，talking with a friend 等短语时，也让学生边说边表演。他们学得轻松，我教得也轻松。等学生基本掌握之后，就让学生上台表演各种动作，或者两人一组边表演边说，把这些动作与游戏活动穿插起来。学生的兴致可高了，每个学生都能动起来、说起来，自觉主动地完成学习任务。

（三）课后拓展，让学生感受英语交际的快乐

英语作为一种交际语言其主要功能就是用于交际，充分利用校园给孩子提供利用英语交际的情境，帮助他们取长补短，积累语言素材。在校园中，我是英语教材里的"Ms Smart"，我班的学生也个个都有英文名字：Amy，Sam，Tom，Joe，Jack，Betty，Alice……于是每天都有这样的问候："Good morning，Ms Smart！""How are you，Ms Smart！""Hello，Ms Smart！""Good afternoon，Ms Smart！""Goodbye，Ms Smart！"连平时的欢呼声也改成了"Hooray！"这一来，同学们不仅感受了英语交际的快乐，同时也练习了不少句子，重要的是，学会了这些句子在具体情境中的运用！此外，还可以组织学生观看简单的英语动画片，让学生将外出旅游或在电视上所看到的和所听到的词汇、会话内容进行交流，以满足学生表现的欲望，鼓励他们学好语言，促进向上发展的需求。

总之，在教学中利用各种手段和方法为学生创造"快乐英语学习"的情境，既符合小学生的年龄特征，也能激发学生学习英语的兴趣，为学生今后的英语学习奠定良好的基础。

三、让小学生快乐学数学

在小学数学课堂教学中，创设一种和谐、愉悦的教学氛围，是促使

学生主动发展的必要条件。在这种氛围中，能真正使学生成为学习的主人，积极主动地参与学习，使自己得到充分的发展。

1. 创设情境激发学习的积极性

人们常说："兴趣是最好的老师。"学生只有对学习产生了浓厚的兴趣才会积极产主动地参与学习。因此，在学习新知识之前要精心地创设与教学内容有关的情境，激发学生的求知欲望和学习动机，使学生学习情绪达到最佳境界。

在教学"10 的认识时"我用一个有趣的故事调动学生的兴趣：有一天，0~9 几个数字娃娃做起了排队游戏。9 最大当上了队长，就骄傲起来，看不起别的数字娃娃。他神气地对 0 说："你呀，表示一个物体没有，和我比起来真是太小了。"0 听了圆圆的眼睛里流出了眼泪，悄悄的走掉了。看到 9 这样欺负 0，1 很不高兴。他牵着 0 的手走过来对 9 说："你看，如果我和 0 站在一起比你还要大。"9 听了非常吃惊。那么 1 说的话到底对不对呢？这样创设出学习情境，课堂显得生动有趣，学生的积极性大大的调动起来，老师也不用担心学生一上课就走神。学习效果自然很好。

2. 精心设计新知教学调动学习的主动性

引导学生动手操作，激活学生的思维。"爱动"是孩子的天性，在教学中，我抓住这一特点引导学生主动操作，使其在操作中，理解新知的来源与发展，体验到参与的快乐，思考的乐趣。

在教学分与合时，我让学生自己用小棒分，请他把 4 根小棒分成两堆，看谁的分法多。学生们十分开心，马上动手分摆，有的还边摆别念叨："一边分 3 根，一边分 1 根，两边各分 2 根。"欢快有趣的动手活动使学生全身心投入到了学习。学生在动手操作的过程中建立起了有关分与合的表象，通过仔

好学生是教出来的

细的观察，积极的思考，得出每个数字的分成与组合。这样，通过学生的动手操作，促进了学生由形象思维到抽象思维的主动发展。

其次，还要鼓励学生主动多进行自我尝试。数学知识的联系非常紧密，新知往往是旧知识的引伸和扩展。让学生运用已掌握的思维方法，尝试解决新问题，通过自己正确的推理、判断、概括，提高解决实际问题的能力，感受成功的喜悦，增强学习的责任感和主人翁意识。

在学习"9加几"时，我就开门见山地揭示课题，直接出示例题"9＋3＝"，让学生独立尝试计算，然后相互交流，展示过程。最后进行评价归纳，在评价中对能够直接口算出答案的学生给予充分肯定。并在进一步的评价中使学生知道可以把3分成1和2，先用9加1等于10，再用10加2等于12，主动参与学习"凑十"的计算方法。这样设计教学，能使学生在尝试学习中，体验到成功的喜悦，调动起学生学习的主动性。

3. 巧设练习使学生能活用知识

练习是课堂教学的重要组成部分，是知识形成技能的一种基本的活动方式，是培养学生能力的一种重要的手段。在教学中要对课堂练习进行精心设计，做到目的性强，层次分明，突出重点，形式新颖，有利于学生在练习中轻轻松松地学习，使学生养成主动运用知识的好习惯。

在练习中，教师除了创设教学情境，激发学生的学习主动性外，还可设计一题多解的练习，让学生从不同的角度探索解决问题的途径，从而培养学生思维的灵活性。

在课堂练习的设计中，还要注意练习题组的多样形式，如改错、竞赛、抢答、填写必答卡等等，通过这些形式新颖趣味性较强的练习题，变学生被动做题为主动参与。既能增大练习面，又能使全体学生主动

第五章　教学生快乐地学习

参与。

总之，在课堂教学的过程中，创设愉悦、和谐的教学氛围，是调动学生学习积极性、主动性的必要且有效的手段，对促进学生的主动发展起着重要作用。

四、让中学生快乐学数学

国内外大量的心理学、教育学研究结果表明：学生学习成绩的好坏，并不完全取决于智力水平的高低，非智力因素如学习目的、学习兴趣、爱好、情感、意志力等直接影响到一个人整体心理素质水平和事业的成败。调查显示，学生一般都对数学学习缺乏兴趣，较多的学生对数学难以形成愉快的心理体验。在中学所学的科目中，数学常常是排在"最不喜欢的学科"的榜首。学生眼中的数学，好象是一个衣着朴素，表情严肃，显得有些高深莫测的哲人，可敬但不可亲。如何改变这一现象呢？在新课程的教学探索中，下面就如何让学生享受"快乐"的数学学习介绍一些方法：

1. 走进学生心灵，让学生与老师相处愉悦

中学生的心理和生理都不成熟，听课常常根据自己的喜恶来选择认真听还是不听。这就要求我们做老师的要有乐观的生活态度。有人说"选择了教师，就是义无反顾的选择了乐观主义"，确实是这样。试想，如果做老师的自己生活得苦闷，悲观，学生在他的课上怎么开心得起来？人们都是喜欢那些能给他们带来快乐的人，学生也一样。乐观的生活态度会让教师在日复一日、年复一年的教学中保持创造的激情和创造的快乐，会让学生因你的存在而感到幸福，会让那些年纪尚幼的孩子们把你当作他们成长中的精神食粮。

有的老师仅仅带着知识走进课堂，有的老师还把爱也带进了课堂，仅带知识走进课堂的老师，他的知识学生很容易忘记，而把爱也带进课堂的老师，他常常改写了学生的人生。这就要求我们的老师要善于走进学生的心灵，去热爱和尊重他们。数学知识不像语文知识那样很容易引

起学生感情的共鸣，但也可以想办法和学生形成互动，比如下面这个例子：

> 我在所任教的班级，给了他们一个宣泄感情的出口，叫做"我与数学的对话"。每周一次，可以是数学知识的领悟、理解与总结，可以写学习数学的心得和困惑，可以向老师求助数学题的解答，可以向老师提出教学建议。每次的"我和数学的对话"，我都认真地批改，给他们写上温馨的评语，让他们带着老师爱的叮咛去学习、生活。我也从中找到了做教师的幸福与感动。如有的学生写道："我虽然学的知识不多，但是很快乐！"有的学生写道："您不像其他老师那样用惩罚的手段来让我们改正缺点，而是让我们在笑声中改正错误，不让一些同学难堪。"有的同学写道："我们班因有您的无私教诲而精彩，因你温馨话语而倍增灿烂！"……走进学生的心灵，心境是如此的美。

2. 精心选择，融入一些生动有趣的数学知识

从表面上看，数学知识是一些纯理论的枯燥的演绎与推理。但是，如果把这些纯粹的理论与公式放到现实中的一个个时间和空间中去理解，就容易看清它的至纯与至美，而纯美的东西又恰恰是学生喜欢去追求的。在初中数学教学中，教师可结合学习内容讲述诸如数学发展简史、数学理论所经历的沧桑、数学家的成长过程和有关贡献、数学中某些结论的来历名称以帮助学生理解和记忆数学知识，还可有的放矢地讲述一些趣味性强、容易使学生产生强烈好奇心和丰富想象力的数学典故，不仅活跃了课堂气氛，又令学生产生了愉快的学习心理，自然意兴盎然、其乐无穷。

例如："勾股定理"及其逆定理的应用既是教学中的重点又是难点，学生普遍感到内容简单但很难灵活运用。于是老师首先介绍中国古

第五章 教学生快乐地学习

代著名数学著作《周髀算经》中关于勾股定理内容的著名叙述，即"勾三、股四、弦五"，接着又列举并解答了《九章算术》中记载的一个关于勾股定理应用的实际问题，让学生在钦佩古人数学钻研精神的同时，对中国古代数学成就倍感自豪，继而克服因"畏难"而造成的学习困难。

又如老师在组织学生学习"黄金分割"这一知识点时，让学生思考这样一个问题：为什么绝大多数重大的运动会都选择在秋季召开？通过对这一问题的探讨，感受黄金分割的生命美（人在 23——37 × 0.618——摄氏度左右的环境下感觉最舒服，精神最饱满）。

生活化的学习环境，结合师生间的信赖、思考、感悟、想象甚至热爱，能够让学生愉快地去探索数学规律，学习数学知识。

3. 变枯燥无味的数学课为生动活泼的数学活动课，让学生在快乐中学习

"学生并不是不喜欢数学知识，而是讨厌你给予他知识的这种方式。"所以，数学教师在教学过程中要善于激发学生对数学的兴趣，可以开展丰富多彩的数学活动。数学活动可以是课堂上的，也可以是课外的。

在"有理数的加法"一节时，老师设计了这样一个游戏——"找朋友"，具体办法是找了 8 名同学，他们的胸前贴了一个数字，有的是正分数，有的是正整数，有的是负分数，有的是负整数，还有一个贴的是 0，拉手表示找"朋友"（做加法），可以两个人拉，也可以是多个人拉，然后让"观众"们抢答结果，在近乎沸腾的课堂上有效地练习了"有理数的加法"。又如"在立体图形的表面展开图"这节课，既要由立体图形想象出它的表面展开图，又要根据表面展开图判断可折成哪种立体图形，内容抽象，学生难掌握。因此，老师在上课时，结合了折纸游戏，通过剪一剪，折一折来引导学生探索立

体图形与平面图形的关系。

在课外，数学老师也可开展一些活动让学生们和数学更亲近。比如一位数学老师所在的班级每月都要开展一次"数学面对面"，事实证明他是成功的：

> 数学面对面的口号是："思考无极限，快乐天天见。"活动的宗旨是："通过面对面的交流，把学习中的困难击败；通过纯真的关怀，把学生的忧愁与烦恼荡涤干净。"每期的主题不一样，采取的形式也不同。如"为你导航"一期，主要采用了谈话的形式，娓娓道来，让学生在具体的事例中了解学习数学的方法，最后还留了自由提问时间，主要就学生的具体困难作出解答。又如"基础知识大比拼"一期，采用了分组抢答的形式，把平时易混淆的概念、易出错的题目在这样热烈的气氛下展现出来，同学们都很感兴趣，都争创星级小组，培养了他们的竞争意识和团队协作精神。同时，他们为了成为"数学面对面"的星级人物，自己在课外也积极主动地去学习数学知识，很大程度上提高了他们学习数学的兴趣，苏霍姆林斯基也说过"应该让我们的学生在每一节课上，享受到热爱的、沸腾的、多姿多彩的精神生活"，我们数学教师在新课程的教学中也应争取做到这一点。

4. 关注不同学生的学习需求，让学生在不断成功中感受快乐

数学学习起来比较困难，这是大多数学生不喜欢数学的主要原因，我们做教师的任务就是要给学生恰当的帮助，让每一个学生都能在数学学习中有成功的体验，也有面对挑战的机会和经历，从而锻炼其克服困难的意志，建立学习数学的自信心。所以，教师在教学设计、布置作业、教学检测等各方面都要有层次性，关注每一位学生的发展。

第五章 教学生快乐地学习

例如，有的老师在作业的处理上，并不是所有的学生都做同样的作业，常常是布置一个基础题，一个提高题，学生可以选做一个，也可以选做两个。但切记不能把学生分类：基础差的就做基础题，成绩好的就做提高题，这样很容易打击潜能生。让他们自己去选择，他们会量力而行的。当学生能够真正感到解决问题的主人是他自己的时候，由此产生的成就感是不言而喻的。每上完一单元进行数学检测，我们一般不用现成的单元检测题。

有的班还成立了数学命题小组，在规定了题的分量与难度等要求后，花两节课的时间让他们自己出题。每次评出优秀试卷实行加分鼓励，最优秀的一份打印出来考试。人人都参与出题，对题目也比较了解，而为了获得好成绩，他们会自觉地去弄懂一些问题，极大地提高了学习数学的积极性，成就感和自信心。

5. 采取教育手段的多样性，使学生产生一种身临其境之感

数学教师不能只满足于"一块黑板、一支粉笔、一把直尺"的模式。模型、幻灯、录音、录像、实验等都将使数学教学生动、形象，特别是计算机辅助教学，它作为一种新的教学手段，给数学教学带来了新的活力。对于众多抽象的数学知识，通过计算机模拟使之具体、形象，会使学生产生一种身临其境之感，学习起来自然轻松。例如："图形的展开与折叠"、"截一个几何体"、"从不同的方向看"都是教学中学生较难掌握的内容，部分学生缺乏足够的空间想象能力进而容易产生畏难情绪。但是，如果用计算机模拟演示或利用模型现场操作，困难就会迎刃而解。

我在讲《统计知识》时，先放一段录像《电视歌手大奖赛》，在评委们亮分后，为什么还要分别去掉一个最高分和一个最低分？这就引起了同学们对知识的渴望。在教学"三角形内角和定理"时，我采用了让学生自己实验、猜想导入的方法。由于证明时要添加辅助线，而这对初学几何的学生而

言，又是个棘手的问题。为此，我让学生们拿出头天准备好的各式纸版三角形（钝角三角形、直角三角形、锐角三角形），撕下两个角与第三个角拼在一起，看是否能拼成一个平角，因为一平角等于180度。这时，课堂上的气氛活跃起来，各种各样的拼法都有，自然就得到了添加辅助线的方法，既提高了学生的学习兴趣，锻炼了动手能力，又解决了同学们在小学时就曾经产生过的疑问——为什么三角形三个内角之和为180度？作为一名中学数学教师，应该拥有一双"慧眼"，应善于从生活中、周围环境中、各种媒体中捕捉数学知识，从小处、平常处着眼，从学生已有的生活经验出发，让学生亲身经历，将实际问题抽象成数学模型，并进行解释与应用。通过联系实际、因势利导、循循善诱，结合一些新的教学辅助手段，培养起学生对数学知识的浓厚兴趣，使学生感到学习数学知识是件愉快的事情。

让学生在快乐中学习数学是一个任重而道远的任务，新课程给我们教师带来许多新的挑战。作为一名中学数学教师，应始终让学生保持对数学学习的浓厚兴趣，千方百计帮助学生不断获得学习上的成功，体会成功的快乐。我们只有在实践中不断地探索，才能让我们的学生自由自在、快快乐乐地在数学大观园里成长。

第五章　教学生快乐地学习

第六章 教给学生学习的方法

离高考已经很近了，王同学就给自己制作了一个"距高考还有 100 天"的倒计时牌，以此来告诫自己，不能有丝毫的懈怠。

王同学还将这 100 天分为 10 个单元，每隔 10 天就给自己布置几项学习任务，并在第 10 天时总结这几天的成果。这时他有一个感觉，学习也会令自己如此自信。

他每次给自己布置的是活任务，也就是说，可以很自由地安排这 10 天的学习任务，也许某一天状态不佳，也不用在灯下苦熬，可以做一些提高大脑兴奋度的活动，比如去弹琴，看比赛，做运动等，只要保证能按时完成任务。在给自己布置任务的时候，也不能要求太高，另一方面，得考虑到自己的实际能力，一方面，还得结合老师的教学进度，那些学习任务应该是树上的苹果，跳一跳才能够得着的。

在高考中，王同学取得了不错的成绩，成为当地的高考状元。

王同学的"高考倒计时牌"，就是一个学习小窍门，一个对他来说有效的学习方法。作为教师，应该在教学中注重传授学习方法，而不是灌输知识。

第一节　培养自主的学习者

在学生学习的过程中，培养学生成为自主的学习者至关重要。

　　小军是在撒谎吗？

　　爸爸要求读小学一年级的小军把一篇较短的课文背下来。不一会儿，小军说"会背了"，但爸爸一检查，发现他背不下来。爸爸感到很生气，就批评他学习不认真，还撒谎，不会背说会背。其实爸爸冤枉小军了，因为小军真的以为自己已经背会了，他并不是撒谎，只是缺乏比较准确地评估自己记忆的能力。

新课程所提倡的自主学习，是以自主计划、自主监控、自主评价为特征的。我们不能将"自主学习"简单地等同于让学生"自己学习"，以为放手让学生自己去学习，他们自然就会"自主学习"。故事中的这个小军是因为年纪太小，所以缺乏"自主"背课文的能力，但是有些学生因为一直缺乏对自主能力的培养，所以到初中了仍然不能自主学习。因此我们强调，老师要培养学生的自主能力。

　　老师们可以通过让学生对自己的学习进行自我评估和反思，培养学生良好的自我管理的学习习惯，从而使学生成为自主的学习者。

141

优秀学生能进行高效率的自主学习，是因为在学习中他们具有两种核心能力：

1. 规划设计能力：善于制定学习计划

老师们都知道做计划的重要性，也要求学生做计划，但很多学生不做计划，或认为计划了也没有效果。曾有研究者就学生是否做学习计划这个问题作调查，发现 70% ~ 80% 的同学不做学习计划。学生认为，不做计划主要有三方面原因：①目标定得过高，达不到；②缺乏实行的能力；③客观条件不允许。这三方面归结起来，就是：做计划时没有充分考虑本人的时间、能力以及相关的客观情况。那么，教师应该怎样教学生制定有效的学习计划呢？

计划学习的全过程是：确立目标——采取措施——排定时间——严格执行——检查验收。需要掌握以下两个要点：

（1）制定目标要具体。例如："每天必须围绕当天所学知识进行预习和复习"就比"每天必须预习和复习"这样的目标要容易实现。教师应要求学生制定计划检查表，即将某月某日完成的学习任务进程列成表格，每完成一个项目，就打上勾，以便督促检查，过一段时间就进行一次验收。根据检查验收中得到的反馈信息，及时调整计划和目标。

（2）目标达成后给自己一个小小的奖励（如看一会儿电视，吃点零食等），如果由于自身懒惰懈怠等原因造成计划没有完成，也要有惩罚（比如不准看电视，取消与小伙伴的聚会等），以此来督促自己实行计划。制订计划的具体方法稍后再作介绍。

2. 监控反思能力：不断调整自己的学习过程

教师在培养学生对自己学习过程的监控反思能力时，要让学生掌握两个要点：

（1）把必须要做的事情和可做可不做的事情清楚地分开，并从重要的事情开始着手。教师可以教学生把需要做的事情按这种方式进行分类：

第一象限中是重要而紧急的事务，这毫无疑问会成为学生应该优先

好学生是教出来的

完成的事务。比如当天的作业，或者需要为明天的考试进行的复习。

第二象限是重要但不紧急的事务。很多学生喜欢拖拉，把原本属于第二象限的事务最后拖成了第一象限的事务，既误时也无效率。其实重要的事情无论是否紧急都应该有时间就优先完成，这样才不会被紧急的事情催促，像"救火队"一样忙乱。所以，对重要的事情需要列计划完成。

第三象限是既不紧急也不重要的事务，这类事务本应该被安排到零碎的时间内，但由于完成此类事务的难度往往较低，很多学生喜欢选择这类事务来消磨时间。这就需要学会自我监督。

第四象限是紧急但不重要的事务，这类事务经常会冲淡我们的注意力，如在学习过程中有人来拜访，也无重要之事，但必须处理。很多学生就是被这类事务从学习中拉开的。这种事情需要避免，学生可以选择在一个安静的环境里中学习，并且最好固定时间和地点，并能够告知他人不要在这个时候打扰。

（2）要把学习用具放在手头，随时准备使用，并且在学习过程中要专注于当下的任务，不要胡思乱想。

相信很多家长都有过孩子"总是做不完作业"的体会，我们通过下面这个例子看看到底是怎么回事：

曾经有位家长咨询孩子的学习问题，说自己的小孩读四年级了，脑子很笨，每天放学回家家庭作业要做很久，别的同学1个小时就可以做完，他要做3个小时。通过深入了解情况和与小孩交流，我发现，小孩其实并不笨，只是因为他没有好的学习习惯，导致在做作业时浪费了太多的时间。

后来我就建议家长对孩子某天写作业的时间进程做了一个详细的记录，如下所示：

7：00　开始做作业。

7：15　发现笔没有墨水了，于是停下来找墨水，往钢笔

第六章　教给学生学习的方法

里灌水。

7：20　继续做作业。

7：45　上厕所，并且中途溜号去看了一会电视，并吃了零食，喝了水……

8：17　继续做作业。

8：30　语文作业上需要查字典，但是书桌很乱，不知道字典放在哪里，找了一会没有找到，叫妈妈帮忙一起找。

8：40　终于找到字典了，继续做作业。

8：58　同学打电话来，聊了一会。

……

好学生是教出来的

老师们，看看这个时间表，您觉得这个孩子的学习应该怎样改进？其实家长和孩子画出这个时间表后，他们就知道问题出在哪了：虽然孩子的整个学习时间很长，但是真正用于专心学习的时间并不多。后来我给孩子提了三点建议：

（1）在开始学习前先把书桌收拾干净，把当天要做的作业放在书桌上，并准备好文具纸张等学习用品。

（2）在学习过程中要一心一意，尽量不要分散精力做其他事。（当然上厕所是必须的了，但上完厕所后要立刻投入到学习中。）

（3）把你每天学习的时间告诉家长和同学，让他们不要在这个时段来打扰你。

不过有意思的是，那个小孩向我辩解："即使我很快完成作业，也没有玩的时间，爸爸妈妈会布置更多的作业给我。与其这样，还不如边做边玩呢！"老师们，你们看，这个小孩为了避免接受更重的学习负担，养成了做事拖拉的坏习惯，所以我们老师也应该提醒家长，要明确地规定孩子学习和玩耍的时间，尊重孩子的娱乐，不要给孩子添加过多额外的课业负担。

教师对培养学生自主学习能力起着关键作用，体现在如下几个方面：

（1）培养学生的独立精神和合作精神。学生对教师的依赖越少，学生的自主学习能力就越能得到加强，所以教师要在课堂教学中创设一种宽松、和谐、充满信任的氛围，让学生敢于问问题，敢于发表自己的见解，以培养学生的独立思考能力，进而培养其独立精神。教师要强调相互学习、共同提高的重要性，要让学生明白教师不是知识的唯一来源，来自同学的反馈和来自教师的反馈同样重要。这有利于营造和谐、合作的学习气氛，让学生愿意进行小组活动，并在活动过程中相互学习，共同提高，进而培养合作精神。

（2）教会学生制定学习目标。首先，学生制定的目标要明确。按照学生当前的状态和他们要实现的理想状态之间的差距，教师应引导其制定出长期目标和短期目标。具体明确的短期目标能使学生集中精力，实现了目标以后能激励学生的情志，有利于他们制定下一步的短期目标以实现长期目标。明确的长期目标可以对他们起到持久的激励作用。其次，目标要适当，也就是目标要合理，不能太难或者过于简单。如果目标太难，会使学生产生挫折感，容易挫伤其积极性，使其产生悲观情绪，影响学习效果；目标太过简单，不费力气就可以实现，则不仅起不到激励作用，还不利于其后续学习。

所以，教师在指导学生制定学习目标时，要注意考察学生的学习状况，根据其当前的学习状况，指导他们制定明确、合理且切实可行的目标，以培养学生制定明确、合理的长、短期目标的能力。

（3）教会学生获取学习资源。现代教育是一个开放的系统。在现代教育中，由于教育环境的变化，教师已不再是学生获取知识的唯一来源。为此，在教学过程中，教师应通过指导学生搜集资料、分析资料、交流获取的资料来培养学生的获取资源的能力。在通常情况下，教师可以提供一个需要学习探究的问题，然后将学生分成若干小组，由小组成员学习用搜索引擎、用网络寻找信息，并对搜集到的资料进行检索和分类，进而探索问题，研究问题；或对网上的信息、资料进行筛选，提出自己的观点，最终掌握获取学习资源的能力。

（4）鼓励学生采用内省法和追溯法记录自己学习的情况，反思学习的方法和效果。内省法和追溯法是两种可以结合在一起使用的方法，即学生定期写下自己的学习感受，记录自己成功或失败的例子，并学着分析其中的原因，对学习进行反思和内省。在这个过程中，遇到难以解决的问题时可以向老师求教，从而方便教师对学生进行具体的指导。这样，经过一段时间以后，根据自己的记录分析学习的情况，找出自己一段时间以来学习的成功与不足之处，就可以为下一步的学习做好准备。通过这一做法，学生会对自己的学习有更好的了解，并考虑如何使自己的学习更有效率。这种方法有助于学生了解自己所采用的学习策略的效果，并且反省自己学习目标的实现程度，从而使自己成为真正的自主学生。

自主学习更是需要有效的学习计划。那么，如何帮助孩子怎样合理地制订学习计划呢？

（1）制订可行的计划。学习计划要求不宜过高，因为要求过高不仅难以执行，而且容易引起心里没数和自卑感。有的孩子虽然订了学习计划但没有执行，究其原因主要有以下三个方面：①计划订得过于理想，②本人缺乏执行的毅力，③周围条件不允许。当然，无论属于哪种情况，都可以依靠他本人的努力和身边人们的协助而加以解决。

（2）考虑全部生活的平衡。制订学习计划不能只考虑学习而不顾其他。其实，学习只是一天生活中的一个方面，其他活动对学习都有一定的影响，所以，在制订学习计划时，必须全面考虑。既要使学习在一天中占首位，又要使学习同其他活动协调起来。换言之，在一天的作息时间表里既要有吃饭、睡眠、上课、课外活动的时间，也要有休息、娱乐的闲暇时间，还要留出同同学、朋友、家人聊天、听广播、看电视等时间。总之，一天的活动要多样化，各种活动都应该适时且协调地进行。有规律而充实的生活是提高学习效率的基本条件。

（3）要有一定的灵活性。计划不应绝对不变，根据实际情况和执行计划中的体会应允许有些变动。例如，某天孩子因参加运动会觉得身体非常疲倦，那就应该及时改变计划早早休息。如果单纯为了执行计划，你硬要孩子一边打盹儿一边坚持在规定的时间里学习，或是不解完10道题目就不睡觉，那就无异于削足适履了。

学习计划既要有灵活性，又必须以基本不变为原则，这样才有利于养成良好的习惯。倘若把什么情况都看成是例外，随便变更计划，就难以养成好习惯。所以，在一开始制订计划时就要考虑留有余地，计划一旦订好之后，就尽可能不要变动。坚持这一原则十分重要。

（4）有具体的学习目标。这个目标要根据孩子自己学习的目标、以往的学习情况、学科进度、喜恶学科等情况来决定。

学习计划制订后，下面我们再来谈谈时间运筹的问题。

时间有限，而学海无涯。如何把有限的时间投入到无限的学习中去？除了合理制订计划外，还要学会科学运筹时间。这是学习方法的重要组成部分。有的学生认为：每天上课、做作业、睡觉，规定得死死的，无所谓运筹不运筹了。其实不然。面对相同的时间，善于运用的人，会有更多的收获。指导学生运筹时间应注意几下几点：

首先，要指导学生善于抓住学习的最佳时机。也就是说，要把时间和心境、生理变化等因素结合起来考虑。同样的时间，由于心理状态不同，学习效果也不一样。心境平和的时候，学习效率高；情绪波动时，学习效率低。另外，在一天的周期内，人体的生理机制会发生一系列的变化，并相应地影响人的各种能力。我们如果按这种规律合理安排学习生活，就可以高效率地利用时间。如早晨用于背诵外语，下午学习轻松一点的科目，晚上用来攻克难题，都往往会取得较好的效果。另外，每个人的生物节律不同，要把握自己的生物节律，充分加以利用。

其次，要指导学生充分利用间隙时间。中小学阶段的学习是非常繁忙的，成天有背不完的书、做不完的习题，许多学生会觉得时间不够用。但时间就像海绵中的水，只要愿挤，总还是有的。挤时间的秘诀就

是尽量把时间单位缩小到最小，充分利用间隙时间学习。有人做过这样的计算，如果每天能利用的零星时间有半个小时，那一年就可有 180 多个小时。如果每小时能读上 10 页，那一年就可以读完 1800 页书。何况我们每天浪费的零星时间远远不只半小时。教师可以让学生做个时间统计表，每天把做各项事情的时间一一加以记录。学生就会惊异地发现：有许多时间不知不觉消耗在无所事事之中，既没有学习，也没有娱乐，甚至没有休息。这些间隙时间成为生命的空白点。怎样利用间隙时间呢？方法多种多样。如在口袋中放一些英语单词卡片，有空就拿出来读一读；与同学边走路边讨论问题；等人等车的时间，回忆一下今天所学的知识等等。"不积跬步，无以至千里；不积小流，无以成江河。"间隙时间利用得好，也能派上大用场。

好学生是教出来的

第二节　学习方法的普遍原则

学习方法是学习时所采用的手段、方式和途径。只要一个学生学习，他就必须采用一定的方法。学习方法很多，不同的人有不同的学习方法，但一般说来，科学的学习方法有以下几个普遍原则，可供中小学生参考：

（1）要养成课前预习的良好习惯

在每节课之前，快速预习是一个好学生的普遍做法。预习能使你在课堂上抓住自己不会的地方有所突破，课下你会觉得轻松愉快。合理安排预习的方法因人而异，不必强求一律，有的同学是边读书边思考，对新的内容产生了浓厚兴趣；有的同学是在预习时读、画、圈、点，在自己不理解的问题做上记号，以便上课时注意。当然，预习方法可以多种多样，一种方法不可能适合于所有学生，但在预习过程中还是要普遍注意两点：

（1）刚刚开始预习的学生，先要选择一门自己学得比较费力、成绩不大理想的学科做起点，一直坚持下去，收到一定效果后，再适当扩展预习的科目。

（2）要从实际情况出发来确定预习时间及内容。完成当天的学习任务之后，根据余下时间的多少来决定预习的深度与广度。实际上随着学习水平的提高，预习花的时间会相应减少。

2. 上课要认真听讲

凡是学习态度端正的学生，在课堂上都会全神贯注，目不斜视，高度集中精力，认真听讲。尽管新课程提倡自主学习、合作学习、探究学习，尽管现代课程理念提倡活动、民主、自由，学习活动应该是一个生动活泼的主动而富有个性的过程，学生平等参与课堂教学，你也要把认真听讲放在首位。尤其是在老师少讲精讲的情况下，认真听课将是你取得成功的第一要诀。

因为每一个老师都会在课堂上把每个重点内容讲述或点拨得非常透彻，因此你要集中精力听。接下来就是一个融会贯通的问题，在把教师所讲的内容吃深吃透的基础上，积极思维，大胆质疑，好问，多思。并要学会给自己出题，要争取用多种方法解析一道题，比较各种方法的简便程度，这也是对以前学习水平的一个检验。这样，能够对相关的问题有一个清晰的思路。

3. 要认真做好复习

课后一定要复习，而且要循环往复地复习。因为人的大脑在储存新的信息的同时，又要把先前的信息忘掉一部分。只有循环记忆，反复复习，才能把知识学习得扎实、牢固。

除了课后复习外，还可以在双休日进行定期复习，每个月进行一次阶段复习，将所学的知识系统化、条理化。在复习时，要注意以下几点：

（1）复习的方法要多样化。复习不等于简单重复，要适当变化形式，力求生动、形象、有趣、有效。如可以采用诵读与译背等方式复习，也可以在运用知识过程中复习，也就是在实践中复习。

（2）复习分量要适当，既要避免过度疲劳，又要适度提倡"过度复习"。避免过度疲劳可适当分散复习。"过度复习"是指对需要牢牢记住的学习内容达到初步掌握后仍不停止，而是继续进行学习识记，达到完全巩固的程度。如背一课时的英语单词，背了5遍就能记住时，还要继续背3遍，这3遍叫"过度复习"。花的时间虽多了一点，但对中小学生的学习很有帮助。

（3）复习时要对学过的知识继续加工，使之条理化、系统化。这就要求在复习中把新旧知识联系起来，增强记忆。这样，你的知识结构才能扎实而合理。一些学生为什么学习一直很优秀，我认为，很重要的一条就是有积极的学习态度，不浮光掠影，不走马观花，而是认真复习，温故而知新。

4. 必须要想办法学好不喜欢的学科

中小学生随着课程的增多，时间变得越来越紧张，中小学生精神疲劳的现象非常普遍，在这样的重压下，学生的生理和心理就很难保持健康的平衡，在所学的学科中也就逐渐出现了不受欢迎的学科。为了使自己具备多方面的知识，为了各门学科全面发展，我们必须要想办法学习好不喜欢的学科。那么，怎样学习呢？

（1）要缩短时间，讲究方法。选择对自己有效的学习方法，把节余的时间用于小活动或者散步，使紧张的大脑得到必要的休息。

（2）要注意掌握基本知识与技能。在练习题中选择有代表性的题目去做，而不必全部做完书后或练习册中的所有习题。如果不能短时间掌握有关的原理、定理、公式，可以采用"小步快走"的方法，分段学习，中间穿插休息，不要陷入长时间的疲劳战术之中。

（3）学生对某门课程失去兴趣与身体疲劳、精神压力过大有关。所以要尽量减轻自己的压力，在学这门课程时，要放松身心，多注意休息。良好的心情是你面对困难和挫折时能够处之泰然的法宝。良好的心境，可以促使人的积极性、主动性、创造性的发挥。因为学习效果不是随时间延长而增加的，恰恰相反，连续学习时间越长，效果越差。

5. 提高学习效率十分重要

蓝天同学是一个刻苦学习的好孩子，每天一有时间就看书学习，可她对知识的掌握并不快，成绩也不理想。敏敏同学则不同，她每天放学后，先活动活动筋骨，再放松放松自己的精神或帮妈妈做点家务，然后再开始学习，她常常用很短的时

第六章 教给学生学习的方法

间就掌握了知识要点，做起作业来得心应手，考试成绩也不错。

这一案例说明：学习效果是否好不在于学习时间有多长，而在于学习效率高不高，能不能在较短的时间内学到足够的知识。

中小学生要根据自己的特点选择适当的学习方法。德国哲学家莱布尼兹说过，"世界上不存在两片完全相同的树叶"，人也是这样。在学习方法上要正视这种个性差异，选择适合自己个性特点的方法。

当然，每个学生的学习方法不同，提高学习效率的方式也有所不同。耐力差的学生，完全没必要强迫自己长时间地坐在书桌旁。这样的同学不妨在准备学习时，把计划要完成的内容分成几部分，集中 30 分钟到 50 分钟完成一部分，然后回头做点其他事，休息 10 分钟左右，再学习另一部分内容。否则就算再连续看几个小时的书，知识也学不进头脑里去，白白浪费了时间。

提高记忆方面的效率是提高学习效率的组成部分，因为记忆是学好各门功课的基础，在记忆基础上我们才可以进行联想、引申。因为学习的过程是自我建构、自我生成的过程，学习是建立在原有知识和经验基础之上的。每个人的记忆能力都差不多，如果说有好坏之分，那也大部分因为是否找到了适合自己记忆的方法。为了更有效、更迅速地掌握知识，中小学生必须找出适合自己的记忆方法和学习方法，这样才能做到提高学习效率。

学习方法多种多样，不同的学生有各自不同的学习方法，但是课前预习——认真听讲——认真做好复习等等，却是各种学习方法的基础。如忽略了它而去寻找所谓的捷径，则将一事无成。

对于中小学生的学习来说，方法比一般知识更重要。方法可以被看作是运用知识的知识，是对知识的融会贯通、熟练运用。荀子在《劝学》中写道："假舆马者，非利足也，而致千里。假舟楫者，非能水也，而绝江河。"讲的就是方法问题。

第三节　学习方法的指导环节

　　老师们都知道学习方法很重要，那么请你回想一下，在平时的教学中，你是否有意识地教给学生学习方法了呢？可能有的老师要回答没有。这一方面可能是因为这些老师把教学习方法理解为专门教方法，其实他自己教了学习方法，只不过是渗透在课堂教学里教；另一种原因是老师们不知道怎么教和教什么。

　　学习方法指导的过程，实际是师生之间学习方法信息交换的过程，它包括以下几个环节：

　　1. 教师示范，展示学习方法

　　由于学生的认识规律是从感性认识上升到理性认识，所以上课开始便向学生灌输抽象的学习方法是很难被学生接受的。即使接受了也只是机械地记忆，而不是理解，更谈不上应用。因此，学习方法指导的第一环节应先让学生积累一定的感性认识。即通过教学中的示范性指导，让学生从教师的教学中感知学习方法，领悟学习方法。这就要求教师的示范过程必须做到两点：①教师的教应做到条理明确，层次清楚，便于学生发现和领悟学习方法；②教师的教应做到难易适度，便于学生尝试和运用学习方法。

　　有一位教师教学生学习古诗《江畔独步寻花》（杜甫诗：黄四娘家花满蹊，千朵万朵压枝低。留连戏蝶时时舞，自在娇莺恰恰啼）。他指导学生分5步进行学习：

（1）初读，读准字音。①学生自由朗读，注意读准字音；②指名朗读，纠正错误读音；③教师示范朗读，读出诗句的停顿节奏，以唤起学生的注意；④学生试读，达到能读准字音，会停顿的程度。

（2）细读，理解字词。①学生自读诗句，勾画出不理解的字词；②指导学生运用查字典、联系诗句等方法理解这些字词的意思。

（3）精读，体会诗意。①指导学生再读诗句，一边读一边思考每句讲的是什么；②学生逐句讲述诗句意思，要说得通顺、连贯、明白。

（4）赏读，想象意境。①再读《江畔独步寻花》，思考诗中描写了哪些景物？这些景物构成了怎样的画面？②自由朗读，想象诗的意境，体会诗的情感；③反复朗读，欣赏诗的韵律，感受诗的情趣。

（5）诵读，背诵诗句。让学生在声情并茂的读书声中再次体味诗的意境，欣赏诗的美感，同时使学生从这一学习过程中获得清晰完整的感性认识，为下一步发现和领悟学习方法打下良好的基础。

2. 回顾小结，归纳学习方法

通过第一部分的学习，学生积累了一定的感性认识，如果不及时加以指导和归纳，将感性认识上升为理性认识，他们对学习方法的认识就不能深化，也就达不到掌握技能方法的目的。因此，当学生对学习方法的感性认识达到一定的程度时，教师要及时引导他们对第一部分的学习过程进行简要回顾，使其从回顾中发现和领悟学习方法，再用一定的方式指导学生将发现和领悟到的学习方法归纳出来，使他们对学习方法的认识更加清晰和深刻。如在学完《江畔独步寻花》这首诗后，教师可以问学生："我们刚才是分了几个步骤来学习这首诗的？每一步又是怎样做的？"通过回答问题，学生对刚才的学习过程进行回忆思索，把发现和领悟到的学习方法简明准确地归纳出来。

3. 自学实践，运用学习方法

通过前两个步骤，学生已经领悟和归纳了学习方法。但学习方法作为一种方法和本领，不但要靠讲授，靠理解，更重要的是要靠实践活动的训练。只有通过学生的自学实践才能真正掌握学习方法，也才能使学生的自学能力真正得到培养。所以，领悟和归纳学习方法并不是学习方法指导的最终目标，而只是一个起始。在此基础上还应给学生自学实践的机会，让学生在尝试过程中运用学习方法，把学习方法转化为自己的东西，进而形成能力。

有一位教师教古诗《游小园不值》（叶绍翁诗：应怜屐齿印苍苔，小扣柴扉久不开。春色满园关不住，一支红杏出墙来）时，就把主动权留给学生，让学生运用理解和归纳的学习方法自学这首诗。在学生自学之前，教师用小黑板出示学习方法，强化学生的意识，防止自学过程的混乱性，同时还向学生提出相应的要求。这样，学生既明白了学习的方法，又弄清了自学要求，就能按部就班地进行自学。在学生自学时，教师进行巡视，了解学生的自学情况和是否按上面的方法进行自学。对成绩较差的学生进行指导和点拨，使他们也能运用学习方法进行自学，逐步提高自学水平。学生在学习《游小园不值》这首诗时，自己去朗读诗句，分别阅读、品味、想象、诵读古诗。在此过程中，学生动脑、动手、动口，使阅读的理解过程与培养学生自学能力有机地结合起来，让理性的学习方法通过实践真正转化为技能。

4. 检查效果，巩固学习方法

检查学生的自学效果，这是一个必不可少的环节。通过检查，可以

第六章　教给学生学习的方法

纠正不足，可以使学生看到自己运用学习方法所取得的成绩，获得成功的满足和喜悦，激发学生运用学习方法的兴趣。所以在学生自学后，应采取一定的方法检查自学效果，了解学生的自学情况。在检查过程中，允许学生发表不同意见，并善于用"不同"有效地促使他们独立思考、评议、争论和互相启发。

下面的例子中，教师采用巧妙的方法促进学生主动生成学习方法：

例一：对作弊的另类处理

学生考试作弊是每一位老师都不能容忍的问题。有位化学老师是这样做的：

首先他对学生说："考试作弊说明同学们想在考试中取得好分数，在某种程度上说明大家很上进，但是这样做不仅违反纪律，而且在考试中偷看材料肯定会提心吊胆，并不痛快。所以，下次单元测验我允许大家带一张 A4 纸，上面写上自己想写的任何东西。"同学们一听老师这么能理解自己，感到很兴奋，于是纷纷认真地准备自己的那张 A4 纸，有的甚至用蝇头小楷写得密密麻麻，不放弃任何一个角落。

考试结束后，老师让大家把自己所写的 A4 纸都贴到教室后面展览。同学们很好奇地互相观摩，结果发现有的学生在上面就单纯抄题目，有的抄上公式，有的不但列出知识提纲，还列出它们之间的联系……特别是考试分数公布后，学生都很有感触：为什么张某某能考好？为什么李某某考不了高分？因为从他们在那张 A4 纸上总结的内容就能看出高下来，于是同学们就开始交流学习哪种方法好。教师组织学生对总结的方法进行讨论，并且预报一次单元测验只能带半张 A4 纸进考场。这次考完试后照例展览。再下次考试，老师只让带 1/4 张 A4 纸……这样纸张越来越小，学生就只能对知识进行越来越精炼的归纳总结，提取要点。在这个过程中，学生不但被迫认真复习

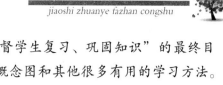

了课本，达到了考试"监督学生复习、巩固知识"的最终目的，也在实践中学会了画概念图和其他很多有用的学习方法。比起教学生画了两个月概念图的老师，这位化学老师岂不是更有智慧？

例二：让学生自己当考官

周老师在教小学三年级语文时，教学生自己出试卷，互相考查、判分。具体做法是这样的：

首先，周老师在周一让学生们看一些已编好的单元测验题，分析题型和知识点的分布，学习怎样出试卷；然后各人分头出试卷，不许漏题，试卷上要签上出卷人的名字，在周四之前出好试卷；周五同学之间交换试卷，拿回家做，下周一将答完的试卷交给出题人打分，最后在老师的指导下，在课上讨论比较谁出的试卷好。

周老师说，这样出试卷的方法对促进学生学习非常有效。

例一中的这位化学老师通过让学生带纸张进入考场这种方式，巧妙地使学生通过反思和相互学习，让他们自己学会了很多好的学习方法。这个过程虽然没有老师的直接介入，却比老师直接教授学习方法更有效。因为这些方法是学生通过自己探索并与同学交流之后总结出来的。

例二中周老师的这种方法也非常好，学生在互出试卷的过程中，首先要自己对知识进行归纳和组织，找出重点，这样就巩固了知识；然后学生之间互相批阅试卷，通过检查别人的错误又一次巩固了自己的学习。在这个过程中，学生能通过老师引导、同学交流、自学等方式学到很多学习方法。

这两个例子有一个共同的亮点，就是把学生们一贯不喜欢的考试变成了有趣有效的学习过程，老师们想一想，我们考试的目的不就是为了促进学生的学习吗？

第六章 教给学生学习的方法

学科教学中需要渗透学习方法的指导，但这里我们强调，学习方法的教授要外显。请看这个案例：

例一：学习方法教到哪里去了？

有位学生曾经在中学做过一个调查，他发现，尽管不少老师在教学中渗透了对学习方法的指导，但是学生的感受却大相径庭。在访谈老师"您是否在课堂上教了学习方法？"时，老师通常都说在教学中渗透了对学法的指导；但是问学生"老师是否在课堂上教了学习方法？"时，同一个班级的学生有的说老师教了方法，有的说没有教方法，这是为什么呢？

经过深入交谈，他发现了原因。从学生的角度看：学习水平不同的学生对老师是否教授学习方法的感知能力是不一样的。感到老师教了方法的学生往往是学习成绩较好的学生，他们能够悟到老师是在教方法，可是学习困难的学生认为老师是在教课本知识，没有教方法。然而，恰恰是这些学习困难的学生迫切需要了解、掌握科学的学习方法。

从老师的角度看，他们只是把学习方法隐含在知识的学习过程中教给学生，比如说，他们带领学生画了某章内容的概念图后，要求学生把图记下来，而不是让学生学会画概念图后自己来画图。

针对调查得出的这两个原因来分析，我们认为，教师首先需要在教学中渗透对学生学习方法的指导，因为学习方法的学习必须要结合具体的学习内容进行。另外，在教完方法后教师要适当地把方法外显（当然不是每次都要外显），让学生学会这种方法，并且可以尝试将这种方法迁移到其他学习内容中去。否则悟性不高的学生就把方法也当作知识内容硬记了下来，而不懂迁移。

那么，教师应该怎么教授学习方法，才能使学生充分地领悟、接受直至灵活地运用呢？请看下面这个例子。

好学生是教出来的

例二：解决文字应用题的方法

一位小学老师在教学生学习应用题时，采用让学生"一读（读一下题目讲了一件什么事情），二画（画出应用题中的条件和问题），三点（点出关键词语），四想（想出正确的数量关系），五算（列算式正确解答）"的方法，提高学生解答应用题的能力。在这个过程中，学生学会了自我提问、自我控制调节学习过程等学习方法。

研究者们发现，同样一个方法，不同的学生、对不同的学习内容用起来的效果就不一样。教师除教学生获得学习方法外，还应让学生懂得使用学习方法的"条件性知识"，即让学生懂得为何、何时、何处运用方法，并知道这些方法的不足之处。一般地说，学习能力强的学生，自主学习能力较高，具有较多学习方法方面的知识，善于监控自己的学习过程，可以灵活运用各种学习方法去达到学习目标。可见培养学生的自主能力也很重要。

尽管有些通用的学习方法，但针对各学科还有许多专门的方法，一般说来，这些方法适用于不同内容和不同任务情境，只有当学习材料与特定学习方法的使用条件相符时，学习方法的使用才能有效。因此，教师应尽可能详细地向学生解释学习方法的使用范围，通过训练使学生了解如何根据不同的任务选择合适的学习方法。

培养学生的探究能力。有这样一句话："当你手中只有一把锤子的时候，你往往会把一切的问题都看成钉子。"所以，只有当学生掌握了大量的学习方法之后，才能真正灵活地运用。

首先，教师要教给学生丰富多样的方法，同时还要考虑学习方法的层次，不仅有一般的方法，还要有非常具体的方法，让学生有选择的余地。当然，这个前提就是教师要善于吸收多种学习方法。首先教师就不能只是用一种方法来教学生——虽然使用比较单一的方法是可以理解的，因为老师往往有几种用得比较熟练的学习方法，尝试新方法的开始

第六章　教给学生学习的方法

是比较困难的。教师要有开放的心态，用教的方法来影响学生学的方法。

更重要的是，教师要培养学生的探究能力，引领学生主动寻求新的学习方法。因为如果没有创新，原有的方法总是会穷尽的，而且随着新课程改革的日益深入，会出现很多新的问题，也需要我们创造新的方法来解决，归根结底，只有创新才是前进的不竭动力。

第四节　培养良好的学习习惯

习惯的力量是巨大的，帮助孩子从小培养良好的学习习惯，会带来极大的"收益"。

下面我们分步骤介绍一些培养学习习惯的建议和方法：

一、写作业前的准备工作

写作业就是考试——考试时有什么样的要求，作业就有什么样的要求！考试期间无特殊情况一般不允许离场，那么做作业的过程也一样不能离开书桌，应该一气呵成，为了做到这一点，在做作业前就应该喝过水，去过厕所；考场上不允许夹带书籍和资料，那么写作业的时候也不应随便翻书查阅，尽量不靠翻书来完成，当然为了做到这一点，就应对作业情况有比较好的了解，对所涉及的内容、知识点有较充分的准备，如果遇到疑难题目，那就另当别论了，该查资料还是该翻书，都以解决问题为宗旨；考场上有时间限制，做作业前也要自己为自己规定完成时间。

做作业前最好坚持如下两个步骤：

（1）作业前应洗手、洗身。

（2）作业前应大致浏览作业的数量，并自我规定完成时间，看表计时。

二、回忆

通常是指在大脑里，对当日学习过的课程进行快速简单的回想，也可用笔在纸上做简单的默写。回忆是提高记忆效率的一个非常有效和实用的手段。根据记忆的科学原理，回忆是记忆的一个刺激点，及时适时的回忆是良好记忆的基础。

父母可以帮助孩子回忆，如检查孩子当天的功课听懂了没有，而不是替孩子做作业和替孩子学习。在向孩子发问的时候，年龄较小的孩子起初可能会就事论事。比如当父母问，"今天老师教了什么"、"今天你学了什么"时，孩子往往说，"老师教了几个生字"、"老师讲了几道题"。面对这样的情况，家长可继续问，"老师对这些字有什么要求吗"、"这几个字和昨天学的字相像吗"、"今天的作业和老师讲的题有什么关系"。孩子可能会答不上来，这恰好表明孩子还不会"听课"，但是如果这时候有家长的耐心引导，孩子很快就会学会的。

对于年龄较小的孩子，父母还可在孩子做家庭作业之前，和孩子一起商定今晚要学习的内容是什么，做哪些作业，然后进行哪些预习？这些作业要达到什么要求（别忘了对孩子学习习惯和良好品质的培养）？预习要得到什么？开始的几天，由父母来记下这些事先商定好的内容，然后帮孩子检查；以后逐渐让孩子自己记，父母在结束时帮助对照检查；习惯完全养成后，就不用再一一写在纸上，只需孩子心中明了就可以了。但是在作业和预习结束后，家长要再和孩子一起对照目标进行检查和小结，知道已经实现了哪些目标，哪些目标还要努力或需要修改。

这个做法恰是对孩子"认真听讲"的培养——让孩子知道，什么是他今天晚上应该完成的。渐渐地将这种意识引进课堂学习，从一门功课开始，比如让孩子每天叙述"老师在语文课上教了些什么？提了什么要求？什么地方老师讲得多，为什么在这里讲得多？"训练孩子的听课记忆和语言表达能力。如有条件，可与老师核对一下，看看孩子的叙述是不是符合教学目标。相信在父母的训练之下，孩子会听懂每一

好学生是教出来的

节课。

三、写作业

1. 写作业的具体要求如下：

（1）把需要完成的科目按文理分开，可以在两门功课之间适当休息、喝水、上洗手间等。

（2）专心就是在做某一件事时，全身心地投入。比如你让孩子做题，不要强调让他多长时间地埋头于题海，可以根据他个人的情况，把作业分成几个小段，要求他在完成这一小段时投入进去，效率有了，作业也完成了，之后就应该让他放松一下，然后再去完成下一小段。之后渐渐地把小段变成中段，至大段，慢慢地他就养成好习惯了，不要你操心了。

（3）当成考试一样，要有紧迫感，不能随便翻阅书籍。

（4）不可以随便走动，不可以喝水、吃水果等。

（5）读三遍题目才能做题。

注意力稳定的时间分别为：5～10岁孩子是20分钟，10～12岁孩子是25分钟，12岁以上孩子是30分钟。因此，如果想让10岁的孩子60分钟坐在那里去专注地完成作业几乎是不可能的。

根据这一规律，可建议孩子先做一些较为容易的作业，在孩子注意力集中的时间再做较复杂的作业，除此，还可使口头作业与书写作业相互交替。

2. 怎么完成作业才算是真正完成呢？

对于程度好的学生来说，如果自己认为对当天的功课掌握得不错，完成老师布置的内容后，应该再做一些提高性的题目。如果时间比较紧张，也可以将老师布置的内容进行适当删减，然后利用节余的时间做一些提高的习题，或者转向薄弱的课程。只是特别要注意的是，虽然老师通常关注的是程度差点的学生作业完成的情况和质量，在这个问题上，一定要心中有数，而不能自以为是，所以必要的时候，要和老师打个招

第六章 教给学生学习的方法

呼，说明一下自己的情况。

而程度一般的学生的情况就不一样了，不仅应该很好地完成老师安排的作业，还应该根据自己的情况，积极地再做一些补充训练。

对于程度极差的学生，自身独立完成老师的作业都是很困难的。他们要么根本不做作业，做也是抄袭。这和家长疏于管教有关，有的老师甚至也懒得救助，在这种情况下又该怎么办呢？那么就应该及时解决在作业中发现的问题，这个问题有时甚至并不是今天的内容，而是和目前概念有关的知识点，比如说要解一道二元一次方程题，但对一元一次方程部分学得就比较差，那么就应该先对需要用的概念进行复习。当然必要的话，家长应考虑与孩子一同完成作业，或者请家教来协助。

四、预习

在课前预习，有意识提出一些他解答不了的问题，留下一些"悬念"，然后带着这些问题去上课，放学后再给自己讲述问题的答案。通常是指学生在老师讲授新的课程内容之前进行的一种自学行为。它的主要目的是在接受老师的授课前，对讲授的内容有一个初步的了解，可以了解下一阶段知识点的重点和难点，也可以预计自己在什么地方可能有疑难和问题，在听课的时候就会更有针对性，为更好地掌握下一步学习内容提供积极的帮助。在时间允许的情况下，应该尝试把预习内容后的练习做了，这样的预习质量会更好。

首先给孩子做有目的的预习。以往许多家长把"预习"理解成给孩子讲一遍课程内容，这样做不仅耽误家长的时间，还会使孩子第二天上课不认真听讲。讲授新课是老师的工作，家长不要"代劳"。

家庭预习的目的是让孩子知道明天的课要学会什么。如果孩子对将要学的新课目标明确，上课听讲的时候才能主动和有针对性，一节课下来，他才会明确知道自己学会了没有。如果他对这节课要达到的目的并不明白，他就无法知道他会了没有，一节课上完，稀里糊涂，学习成绩当然不会高，还得爸爸妈妈劳神再讲一遍。父母可以利用放学后，或者

好学生是教出来的

老师家访的时候跟老师交谈，根据孩子的特点向任课老师了解授课内容和进度，然后跟孩子沟通，翻阅他的课本，了解他的进度，帮助孩子确定什么是近期学习的重点，什么是难点。同时教给他调控注意力，以便记住老师讲解的内容，放学后就把当天所讲的内容温习一遍。也就是说，培养孩子联接三个环节的能力，让孩子在学习面前始终目标明确。

1. 预习方式：

（1）浏览式预习：对未来的课堂内容做了浮光掠影式的了解，但对于未来概念出现的盲点和难点不能做较好的估计和确定。这种方式对文科类科目比较适合，或者由于时间比较短促，所以只能采取简单的浏览式预习的方式作为应对。

（2）自学式预习：不仅要细致地阅读和研究，并且能根据课后练习或找相关练习册的练习题来验证自己掌握的水平和程度，这是一种比较高级的预习方式，实际上也就是自学。不过这种方式对中等程度以上的学生更合适。

2. 预习应该有所选择：

预习是重要的、非常有意义的，但不是必要的！预习是为听课服务的。预习应该在有条件的情况下进行！对于学习状况较差的学生来说，比预习更重要的是如何在作业以外的时间里把以前的薄弱和空白点及时弥补上来。每个学生的个体情况不一样，所以在这个问题上不能盲从。

五、认真听讲

1. 如何避免注意力分散

（1）带着问题去听课：在接受老师的授课前，对将要讲授的内容有一个初步的学习和理解，不仅可以了解下一阶段知识点的重点和难点，也可以了解到自己在什么地方有疑难和问题，在听课的时候就会更有针对性，为更好地掌握该阶段的学习内容提供积极的帮助。这样的做法是通过听课来解决疑问，所以可以在听课的时候有所选择，大脑就不容易感到疲劳，不仅听课效率高，而且会更轻松。由于更好地掌握听课

第六章　教给学生学习的方法

的主动性，就把一个通常被动的接受教学的过程转化成了一个主动的求知过程，而这其实就是听课的核心和意义所在。

（2）做笔记：通过对老师的讲解重点进行记录，使自己的思维一直跟随着老师。学生课后通过对笔记进行整理参考，不仅可以加深印象，还有助于学习内容的掌握。

六、复习

复习的捷径：如果平常学得好，考前复习就会轻松很多。

复习的目的：就是把你掌握的内容，通过复习更熟练；没有掌握的部分，通过复习要弄明白。复习就是对自己学习过的课程进行查漏补缺和总结归纳，就是要把不明白的、生疏的、遗漏的知识点搞清楚，通常复习的过程需要相应的练习和记忆。平时开展复习的方法很简单，那就是有意识地、有规律地、及时地操作。每学过一个知识单元，就应该做一次复习；每个星期都应该对本周的学习内容做一次复习；每一个月也应该对该月的所有学习内容进行一次全面复习。所以我们不建议家长在周日给孩子搞什么补课等活动，学习安排应该多以总结性的复习为主。

复习的两个重点环节：

1. 如何发现问题——发现问题的两种重要手段就是查漏补缺和总结归纳。

（1）查漏补缺：是指对自己所学的内容不足和缺陷进行整理和检查，这个工作的主题就是查找自己学习的漏洞和薄弱环节。然后根据自己的情况进行针对性的补充和练习，是"防患于未然"的根本举措。

（2）总结归纳：是指对自己所学过的内容进行阶段性的回顾。就好比打扫自己的房间一样。总结归纳就好比是自己房间，里面有书本、个人用品、鞋、衣服、玩具……过一段时间，就得对自己的房间进行清扫和整理，看看有什么垃圾需要清理，看看自己物品摆放的地方是否合理。这样用起来就方便许多，而学习也是同理。这个环节主要是通过看书来实现的，可许多学生往往只是看自己以为的重点和难点，而不能对

好学生是教出来的

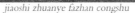

教科书做全面仔细的阅读。这种失误是最容易出现的，而其结果往往是懂的还懂，不懂的还是不懂；疑难的懂了，但基本的简单概念却说不清楚。（请做个小实验，拿起课本，对照书上的内容向孩子提问。据我抽查的经验来看，能够圆满回答的学生极少）想当考场上的常胜将军，你们就应该对课本里的每一句话都要仔细读过，并把常用的内容作为常识记在脑子里。教科书上只有一种印刷内容你们不需要记，那就是标注页码的数字！

2. 如何解决问题

（1）提问：由于对某些概念或问题还存在疑问和不解，需要向老师或家长进行请教的过程。如果你爱提问题了，你就会发现自己的进步非常快！

（2）讨论：主要是通过与同学的交流和探讨来达到对某些概念和问题有更精确、更深入的理解。与同学之间的讨论和交流是非常必要的，是发现自己问题的一个快捷方式，更是提高自己对概念等理解的好方法。不要担心同学从你那里得到学问，应该担心的是你能不能给同学讲清楚你自以为掌握的内容。要记住的一点是：同学并不是你的竞争对手。学会讨论的学习方法让你在以后的生活学习中体验到合作的快乐。

（3）思索：其实是一种自己与自己的对话和交流，通过自我深省，来达到对问题的更好认识和理解。怎么把自己的生活和学习安排好，就需要你先思而后行。最好每天晚上睡觉之前想想今天的事情哪些做好了，哪些又没有做，什么时候去做，心里要有个安排。

（4）针对练习：通过查漏补缺和总结归纳发现有些概念点掌握得不是很好，所以做一些针对性的练习和作业来达到掌握的目的。有的练习是以背诵、记忆为主，有的则需要学生自己通过参考书、习题册来安排、组织进行，这是自学能力的高度表现。

3. 复习的难点

（1）复习是自主的学习行为：比如作业通常由老师做出要求和安排，目的和内容比较明确。而复习的工作需要自己来设计安排，不需要对老师有什么交代，所以思想上容易麻痹和忽视。那么在开始不熟练的时候，家长应该适时地对孩子给予必要的提醒和安排。对于养成良好的复习习惯和方法，这种指导和帮助是非常必要的。

（2）复习是讲究节奏和规律的学习行为：由于复习是对学习内容的一个强化记忆的过程，所以想把握好复习的节奏就要对记忆及记忆规律有透彻的认识和了解；反之，复习效率就会表现低下，甚至徒劳无功。

4. 复习的基本方法和原则

（1）最新原则：每日都对新讲授的内容进行回忆，方法是每日做作业前，合上书本对今日授课的要点进行默想和简记，越详细越详尽越好。

（2）时间原则：每周日和每月对讲过的内容进行查漏补缺和总结归纳。方法是重读课本，并对学习内容做书面总结，而且要做相应的练习来检验。注意要建立总结本。

（3）阶段原则：主要针对理科类，为了避免问题对下阶段的学习产生影响，在学习完一个章节后就要做全面复习。目标是尽快把问题解决，而不让问题成为历史遗留。

（4）科目原则：对于文学概念、文法、单词等文科内容，复习更多体现的是记忆，对逻辑性较强的数学、物理等知识点，记忆是重要的一环，但复习更多是以查漏补缺、总结归纳和针对练习为主。

（5）"我当老师"法。不管是写作业的时候，还是预习功课、复习功课的时候，尤其是复习功课的时候，可以教孩子把自己当成是老师，正在给"同学们"上课。这"同学们"当然是无形的，我们只是想象成这样。然后可以把作业题念出来，把思考的过程也说出来，一边"叨叨"着，一边写出来，就像是在给别人讲解这道题该怎么做。复习的时候，把自己想象成是老师，正在给"同学们"讲课，把课本合上放在一边，把纸当成黑板，一边说一边还要有"板书"。忘记的时候，可以打开书看一下，然后接着进行。

（6）运用"黄金复习法"进行复习，人类的记忆有一定的遗忘规律：

第一次遗忘时间：学习记忆完毕的 24 小时。

第二次遗忘时间：第一次遗忘时间后的第三天。

第三次遗忘时间：第二次遗忘时间后的第七天。

第四次遗忘时间：第三次遗忘时间后的第十五天。

第五次遗忘时间：第四次遗忘时间后的第三十天。

按此规律进行复习，可达 90% 的记忆效果，否则最终基本遗忘。

在总复习期间，如何取得最佳效果，建议同学们做到以下四点：

（1）上好复习课。在复习课上认真参与，必须开动脑筋与老师一起总结归纳知识规律，进行有目的的练习。因为每一节复习课都是经过老师精心设计的。在复习课中，老师必定和大家一起回顾每类知识的重难点，对前面学过的知识进行浓缩梳理，所以不能错过任何一节复习课，不应在复习课上开小差出现跑神的现象。

（2）敢于提问。如果感到自己哪方面的知识不过关，有疑问一定要提出来，问同学、问老师、问家长，弄懂以后还要多练习两次。只有这样，才能及时有效地弥补自己的知识漏洞。

（3）认真完成作业。复习期间，老师会根据知识的重难点，有机布置作业，有目的地练习巩固。因此，必须按老师要求，认认真真地做好作业，只有这样复习才能达到事半功倍的效果。

（4）自我复习。每个同学的知识水平都不一样，每个同学都有与别人不同的知识优势和知识缺陷，因此就要我们有清醒的头脑，对自己的知识结构进行认真的分析，找出自己知识上的落后环节，自己制定计划，有选择进行自我复习。

此外，我们不提倡同学们晚上开夜车或过早起床复习，因为这样会导致睡眠不足和复习效果差，上复习课更会打瞌睡。复习期间大家还是像平时那样，按时睡觉，保证充足的睡眠。

除了以上几点外，还有一些学习习惯需要教师和家长对学生进行培

第六章 教给学生学习的方法

养，下面是优秀教师魏书生总结出来的，以学习为中心，培养学生 12 个良好的学习习惯：

（1）记忆习惯。一分钟记忆，把记忆和时间联系起来，这里还含有注意的习惯。一分钟写多少字，读多少字，记多少字，时间明确的时候，注意力一定好。学生的智力，注意力是最关键的。一定要把学习任务和时间联系起来，通过一分钟注意、记忆来培养学习习惯。

（2）演讲习惯。让学生会整理、表达自己的思想，演讲是现代人应该具有的能力。

（3）读的习惯。读中外名著或伟人传记，与高层次的思想对话，每天读一两分钟，对自己有好处，学生可塑性大，伟人的感染力、教育力，远远超过咱们这些当老师的，学生与大师为伍、与伟人为伍的时候，很多教育尽在不言中，一旦形成习惯，学生会终生受益。

（4）写的习惯。写日记，有话则长，无话则短，通过日记可以看出一个老师有没有能力，有没有思想，有没有一以贯之的品质，看日记能看出老师的水平，更能看出学生的水平，一分钟、三五十个字，坚持住、写下去，这就是决心。我 20 年不批改学生作业，但我说一句话管 20 年，就是每天一篇日记。

（5）定计划的习惯。凡事预则利、不预则废。后进生毛病都出在计划性不强，让人家推着走，而优秀的学生长处就在于明白自己想要干什么。所以，我们就要培养同学们定计划的习惯。

（6）预习习惯。请老师们把讲的时间让出一部分，还给学生，学生自己去看一看，想一想，预习预习。在实验中学时我就要求老师讲课别超过 20 分钟，后进生明显进步，秘诀就是预习、自己学的习惯。反之，不让学生自己学，最简单的事都要等着老师告诉他，这样难以培养出好学生。我从 1979 年开始，开学第一天就期末考试，把新教材的期末试题发给大家。这样做就是要学生会预习，让学生自己学进去，感受学习的快乐、探索的快乐、增长能力的快乐。所以请各位老师一定要培养学生预习的习惯。

好学生是教出来的

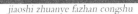

（7）适应老师的习惯。一个学生同时面对各学科教师，长短不齐，在所难免。一方面我们努力采取措施提高老师的能力水平，适应学生；一方面不能马上把所有的老师都提高到一个适应学生要求的地步。所以学生也要适应老师，从现在适应老师，长大了适应社会。不会稍不如意就埋怨环境。不同层次的老师，学生用不同的方式，提高自我的方式去适应，与老师共同进步。

（8）大事做不来，小事赶快做的习惯。这也是非常重要的一个习惯。我抓学生习惯基本就这么抓。尖子学生做尖子的事，后进学生别盲目攀比。大的目标够不到，赶快定小的目标。难题做不了，挑适合你的容易做的题去做。人生最可怕的就是大事做不来，小事不肯做，高不能成，低不肯就，上得去、下不来，富得起、穷不起。所以要让我们的学生永不言败。

（9）自己留作业的习惯。老师留的作业不一定同时适应所有的学生，如果都要求去做，就是反教育。老师要和学生商量，让学生做到脚踏实地、学有所得，市教委规定对学生实行量化作业，它的落实，一靠检查，二靠老师良心，老师要从学生实际出发，只有常规量的学生可以接受，学生才能适应教育。浙江书生中学就特别强调这点。

（10）整理错题集的习惯。每次考试之后，90多分的、50多分的、30多分的学生，如何整理错题？扔掉的分数就不要了，这次30分，下次40分，这就是"伟大"的成绩。找到可以接受的类型题、同等程度的知识点研究一下提高的办法。整理错题集是很多学生公认的好习惯。

（11）出考试题的习惯。学生应该觉得考试不神秘。高中学生应该会出高考试题，初中学生会出中考试题。

（12）筛选资料、总结的习惯。学生要会根据自己实际，选择学习资料。

第六章 教给学生学习的方法

第五节　正确认识学生的学习错误

好学生是教出来的

学生在成长的道路上，掌握了正确的学习方法，能够有助于学业的成功；但尽管如此，学生还是难免会出现错误。作为教师，面对学生的学习错误，是立即否定、责难、打压？还是对学生的错误表示理解，并真诚地帮助学生"吃一堑，长一智"，让错误成为学生成长的契机？

学生出现错误，是成长过程中必然的经历，教师应该以一颗宽容的心来对待；同时，教师的责任并不仅仅在于避免错误的发生，还在于当错误发生时能够挖掘错误的价值，使错误成为学生成长的契机，成为教师教学的资源。

很早以前，英国有一个叫麦克劳德的小学生，对动物非常好奇，特别想知道狗的内脏到底怎么长的。终于有一天，好奇心促使他将学校校长心爱的小狗杀了看个究竟。为此，校长当然要惩罚他，不过校长既没有大发雷霆，大打出手，也没有像有些教师那样，传来家长发泄一通，责令赔款道歉，更没有满口"开除，开除"不容商量——这样的校长并不少见，而是要求麦克劳德解剖小狗后，画出一幅骨骼图和一幅血液图。他愉快地接受了惩罚，也出色地完成了任务。这两幅图现在收藏于英国皮亚丹博物馆。麦克劳德后来成为有名的解剖学家。

以上这个故事中，教师采用了特殊的方式来对待学生的错误。

从学生的自身成长规律来看，一方面，尝试，然后体验错误及其后果，是个体成长中的必经阶段，它能够让学生学会从纷繁复杂的情境中选择正确或最佳的方式和策略。换句话说，犯错误是个体积累解决问题经验的过程。我们常常说："教育要走在发展的前面。"假如我们让学生重复计算"1＋1"这样简单的算式，即使计算一万遍他们都不会出错，但这对学生来说毫无意义；相反，如果我们让学生尝试解决一个有挑战性的问题，可能在解决问题的过程中他们会出现很多错误，但同时，他们也积累了很多的经验，获得了发展。

另一方面，教师往往给学生的想法划定一个"标准观念"或"标准做法"，只要学生的想法与此不同的，就被看成"错误观念"。然而，这种做法是有悖于学生成长规律的。

从教师的教学方法来看，即使是教师，在自己的思考过程中也会出错，但正是因为备课，我们能够逐渐地从错误中积累经验，懂得了如何避开错误的泥潭，避开思维的怪圈。然而，在教学中，我们却往往直接向学生呈现正确的学习结果，直接告诉学生正确的解题方法和技巧，避而不谈思维过程中的"拐弯"经历，忽视了知识的形成过程，从而导致学生不能对错误形成正确的认识，甚至出现了错误也不懂得如何从中积累经验。

只有真正了解了错误的价值，我们才能从根本意义上去正视学生的错误。对于学生，错误是走向完善的路标；对于教师，错误是反馈教学的镜子。

古往今来，许多科学家的故事都告诉我们，成功是建立在失败的基础上的：瑞典的化学家诺贝尔对炸药的研制起了划时代意义，但是诺贝尔在研究中进行了无数次试验，但是也经受了无数次的失败，面对失败他没有气馁，而是在失败的基础上吸取经验教训后又经过几年努力，终于完成了安全炸药、无烟炸药等一系列的发明。从很多科学家的故事中我们都可以发现同一个道理：错误是有价值的。

那么，我们如何才能够看到错误的价值？新课程遵循"以学生发展为本"的教育理念，教育目标把知识与技能、过程与方法、情感态度与价值观有机地融合、渗透在学生的整个成长与发展过程之中。错误对学生成长的价值也可以从这三个方面来挖掘。

1. 善用学习错误可以培养学生的发现意识

利用学生学习中出现的错误，从而给学生创设一个自主探究问题的情境。让学生在纠错的过程中去自主地发现问题、解决问题，是培养学生发现意识的有效途径。

2. 善用学习错误可以培养学生的创新思维

错误往往发生在事物的转折之处，起着举足轻重的桥梁作用。学生每遭遇一次错误，就增添了一次打破和超越已有经验的机会。遭遇并克服一次错误，学生的已有智慧结构就会呈现一种螺旋递升的状态，有了一次重组的可能，从而实现创新思维。

3. 善用学习错误可以培养学生的反思能力

学生的错误不可能单独依靠正面的示范和反复的练习得以纠正，必须是一个"自我否定"的过程，而"自我否定"又以自我反省，特别是内在的"观念冲突"作为必要的前提。利用学生错误资源，引发这种"观念冲突"，能促使学生对已完成的思维过程进行周密且有批判性的反思。

4. 善用学习错误可以培养学生的创造性人格

心理学家在对创造力进行研究的过程中，对创造力与知识、智力的关系都没有形成统一的看法，比如有的心理学家认为创造力与知识之间存在正相关关系，有的心理学家则认为二者存在负相关关系。然而，在研究创造力性人格的时候，却无一例外地提到一个特征，即对错误的容忍。许多我们所熟知的故事也都证明了这一点。

在爱迪生发明灯泡的时候，他失败了很多次，当他用到一千多种材料做灯丝的时候，助手对他说："你已经失败了一千多次了，成功已经变得渺茫，还是放弃吧！"但爱迪生却说："到现在我的收获还不错，起码我发现有一千多种材料不能做灯丝。"最后，他经过六千多次的实验，终于成功了。

从爱迪生的这个小故事里，我们可以看到，他之所以能够成为一个对人类有重要贡献的发明家，正是因为他对错误有着一颗极为宽容的心。作为教师，教会学生正视错误，将有助于培养学生的创造性人格。可以说，错误的背后，折射出的是学生的思想意识和思维情况。学生只有感受到心理的挫折、惊喜与顿悟，才能从中获得质疑、反思与多向思维的创新品质，这就更有利于教师有针对性地对学生进行教育。如果我们在教育教学中，为了避免错误，通过一些机械和刻板的方式去压制学生犯错误的可能，实际上也剥夺了他们形成创造性人格的机会。

综上所述，学习错误对于学生的成长是有价值的。学生的成长不仅仅是由于反抗自己内部的错误性，同时也是依靠自己内部的错误性加以实现的，这或许就是"失败是成功之母"的道理所在。

心理学家阿瑟·柯伯斯在研究教师观念时说，影响教育成败的关键因素也许莫过于教师自己相信的是什么。容许学生在学习中出错，从表面看是教师的外显行为，其实质是一个教师的学生观问题，正是这种学生观为学生营造了一个自由而安全的氛围。

因此，作为教师，我们首先应该正视自己面对学生错误的误区，形成正确的学生观，从而正视学生的错误，对学生的错误持如下态度：

1. 尊重学生，让学生有"说理"的机会

教师要善待学生的"错误"，保护学生的自尊，肯定学生的积极参与，用鼓励性的语言对其加以评判，保护学生的积极性。把探索研究的机会留给学生，尊重学生的见解，让学生充分说出他们的想法，对学生所具有的观念给以暴露的机会，以便教师从中挖掘有价值的见解。同时应该引发学生思考，让学生有思考的时间和空间。

2. 帮助学生比较不同的观念

帮助学生对不同的观念作比较，通过观念冲突，迫使学生去面对他们的错误并作出正确的选择。这样的认知冲突可以打破学生的心理平

第六章　教给学生学习的方法

衡，激发学生弥补"心理缺口"的动力。产生认知冲突的方式是多样的：教师可以明确地指出学生的错误，让他认识到自己的问题；也可以是学生自己反思；还可以是同学之间的观念的比较，发挥合作学习的优越性，重视同学间的相互作用，组织学生对问题进行讨论。

3. 要有足够的耐心和宽容的态度

教师不可急于求成，"消灭错误"的做法或想法是不可取的。因为学生只有在这样的反复过程中，不断修正自己对知识的理解与认识，才能达到更高层次的理解。对一些过程性的概念错误，有时后面的知识对前面的知识会有正迁移的作用。因此，对这样的错误，或许等待也是一种办法。

4. 摸清学生的心理，适时、及时的纠错

任何人在失败的情况下如果得到的只有指责，都不会愉快，甚至反感。作为教师，要善于把自己置于学生的心理角度去体会和思考问题，从积极的方面激发学生的学习欲望和提高学生的学习能力。在对待学生的错误上，我们如果急于改变它，学生会从我们的眼中看到不耐心、不信任，从而感觉到对他不抱希望。教师对学生的错误利用要有及时性和适时性，在学生的错误出现时，及时地意识到错误的价值，考虑到学生此时的学习心态。当学生处于焦虑不安的情绪状态时，以批评或惩罚的方式指出错误，很难让学习者心悦诚服，同时也很难引发他的思考，也就很难发挥积极的作用。此时，教师要先采用鼓励的手段消除学生的不良内在状态，然后再提供正确的信息。

5. 帮助学生正视错误，积极的利用错误

调查表明，部分学生对自己学习中的错误很冷漠，不懂得如何发现问题，不会有效纠正自己的错误，不习惯反思。这些观念对学生的学习将会产生消极影响。但是，要想学生形成正确的面对错误的态度，教师自己首先要形成正确的错误观。

第六节 教学生树立终身学习意识

21 世纪是科技进步和知识创新异常迅猛的时代，知识更新和淘汰的速度明显加快，前所未有。一个人如果不及时学习和掌握新知识，将很快落伍于这个日新月异的时代。有专家预测：2020 年的知识总量将是现在的 3～4 倍；而到 2050 年，目前的知识总量只占届时知识总量的 1%。面对新的时代要求，我们再也不可能试图通过一段时间的集中学习就可以获得可供一辈子享用的知识技能，要彻底打破传统的学习观，树立学无止境、终身学习的新理念，倡导活到老、学到老。

如何应对急速变化的社会，极其重要的一点，就是要不断地学习，使终身学习成为每个人的一种生活方式和生活习惯，成为我们生存和持续发展的必要条件。教育评价不仅仅是为了"证明"和"选拔"，更重要的是为了"改进"和"提高"。成绩主要说明学习起点的新状况，而不是提供终结性的结论。教师在评价过程中，应该用发展的眼光看待每一个学生，调整评价标准，以促使学生的全面发展为根本，以培养学生终身学习的基本素养为目的。

终身学习理念是对终身教育理念的继承和发展。这一概念的最具权威性的表述：终身学习是通过一个不断的支持过程来发挥人类的潜能，使人们有权力去获得他们终身所需要的全部知识、价值、技能与理解，并在任何任务、情况和环境中有信心、有创造地愉快地应用它们。终身学习是 21 世纪的生存概念。在终身教育的理念为越来越多的人所接受的今天，终身学习的理念从人与社会的关系即人如何不断地适应社会、如何不断地发展的角度阐释了人与社会的关系问题。"终身学习是人类开启知识社会大门、适应并且驾驭知识经济的一把钥匙。"如果说终身教育是为使教育观念与教育体制服务于知识经济社会的体现的话，那么，终身学习则是使社会成员适应知识经济社会的必然要求。

实现终身学习需要个人与社会之间的良性互动。一方面，个人要有终身学习的观念和能力；另一方面，社会要能够为个人提供进行终身学习所需的各种社会条件。这也就是说，终身学习理念的实现依赖于个人内部条件和社会外部条件的完备。教师在实现终身学习理念的个人内部条件和社会外部条件中扮演着非常重要的角色。终身学习理念给教师带来了非常重要的要求和启示：教师本身要是终身学习理念的身体力行者，是学生的伙伴，教师要在完备终身学习的个人内部条件和社会外部条件的过程中发挥重要的作用。

那么，要实现终身学习所需的个人内部条件是什么呢？我们试着进行分析：

1. 让学生热爱学习，对学习有积极的主观态度

态度是学生对自己、对他人以及对自己所处文化背景的看法的反应。积极的态度有助于增强学生的学习动机，从而对学习效果产生积极的影响。学生要自愿地采取积极的态度对待自己的学习，即对自己的学习负责，并积极地投身于学习，以达到学习的目标。所以热爱学习、对学习有积极的态度是实现终身学习的最重要的个人条件。

2. 帮学生制定长、短期目标，以激励学生形成适应社会需要的能力

目标是指人在一定时期内所期望达到的成就和结果。心理学认为，

目标之所以在学习过程中能起激励作用，其主要原因是目标的确定能使人有明确的方向，从而能增加人做事的耐性，激发人的灵感，并优化学习资源的配置。短期目标是指一两个月或半年之内所要达到的学习目标，长期目标是指一两年或几年之后要达到的学习目标。有了明确的学习目标，学生才会有强烈的学习要求和发自内心的求知欲望，表现出良好的注意力和克服困难的意志。所以制定短期或长期目标以激励学生形成适应社会需要的能力是实现终身学习理念的重要的个人条件之一。

3. 对学习资源的获取能力

现代信息技术在飞速发展，互联网技术、远程教育技术已在广泛应用，学生面对的是比过去丰富得多的学习资源。网络音像资料、影视、网络教育平台等丰富的学习资源既给学生提供了多种选择的机会，同时也要求学生要能够独立地选择适合于自己需要的学习材料，包括利用网络资源、参加各种培训、报名学习高等院校提供的继续教育课程等等。因此，学生对学习资源的获取能力也是实现其终身学习理念的重要的个人条件。

为了培养学生的终身学习意识，老师该如何对自己进行定位并应该从那些地方入手呢？

1. 教师本身必须是终身学习理念的身体力行者

教师的终身学习是摆在每位教师面前的一个不可忽视的问题，因为知识在不断地更新换代。要使自己跟得上时代发展的步伐，必须终身都要学习。只有通过不断学习，教师才能不断地更新自己的知识，才能掌握现代化的教学手段，传播先进文化，造就创新型人才。教师学习的内容非常广泛，包括学习专业知识、学习育人方法、学习教学技能等等。可以从书本中学、从网络中学、从他人身上学、从教学实践中学，等等。知识是教师从业的资本，所以教师要注意不断地补充和更新自己的专业知识，更新观念，拓展知识面，不断提升自己的整体素质，始终跟

上社会发展的需要，成为热爱学习、终身学习的楷模，从而在实现终身学习理念的社会外部条件中起积极的作用。

2. 教师应成为学生的伙伴，实现从传统的教师角色向新的教师角色的转换

旧的教育模式强调教师的知识垄断和经验，而终身学习理念下的教师必须要转变教育教学观念，建立新的教育观和师生观。教师要从以教授知识为主，转变为以指导、辅导学生的学习为主，成为学生学习的帮助者、指导者。教师不再是知识的权威，而是"学习的促进者"，或者说是学生学习的伙伴或朋友。为此，要尊重学生的情感和意愿，关心学生的方方面面，接纳作为一个个体的学生的价值观念和情感表现，使学生掌握学习的主动性，树立学习的责任感，体验自己的学习成果。教师只有真正成为了学生的伙伴，才会最大程度地激发学生的潜能，培养学生自主学习的能力。

3. 教师应培养学生自主学习的能力

自主学习是指在学习过程中，学生自己扮演主体角色，有独立的思想，可以根据自己的实际情况制订学习计划，知道怎样获取对自己有帮助的学习资源，善于与他人一起在学习中合作，并能够记录和管理自己的学习，提高学习效率，达到学习目标。教师对培养学生自主学习能力起着关键作用。

（1）培养学生的独立精神和合作精神。学生对教师的依赖越少，学生的自主学习能力就越能得到加强，所以教师要在课堂教学中创设一种宽松、和谐、充满信任的氛围，让学生敢于问问题，敢于发表自己的见解，以培养学生的独立思考能力，进而培养其独立精神。教师要强调相互学习、共同提高的重要性，要让学生明白教师不是知识的唯一来源，来自同学的反馈和来自教师的反馈同样重要。这有利于营造和谐、合作的学习气氛，让学生愿意进行小组活动，并在活动过程中相互学

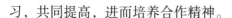

习，共同提高，进而培养合作精神。

（2）教会学生制定学习目标。首先，学生制定的目标要明确。按照学生当前的状态和他们要实现的理想状态之间的差距，教师应引导其制定出长期目标和短期目标。具体明确的短期目标能使学生集中精力，实现了目标以后能激励学生的情志，有利于他们制定下一步的短期目标以实现长期目标。明确的长期目标可以对他们起到持久的激励作用。其次，目标要适当，也就是目标要合理，不能太难或者过于简单。如果目标太难，会使学生产生挫折感，容易挫伤其积极性，使其产生悲观情绪，影响学习效果；目标太过简单，不费力气就可以实现，则不仅起不到激励作用，还不利于其后续学习。

所以，教师在指导学生制定学习目标时，要注意考察学生的学习状况，根据其当前的学习状况，指导他们制定明确、合理且切实可行的目标，以培养学生制定明确、合理的长、短期目标的能力。

（3）教会学生获取学习资源。现代教育是一个开放的系统。在现代教育中，由于教育环境的变化，教师已不再是学生获取知识的唯一来源。为此，在教学过程中，教师应通过指导学生搜集资料、分析资料、交流获取的资料来培养学生的获取资源的能力。在通常情况下，教师可以提供一个需要学习探究的问题，然后将学生分成若干小组，由小组成员学习用搜索引擎、用网络寻找信息，并对搜集到的资料进行检索和分类，进而探索问题，研究问题；或对网上的信息、资料进行筛选，提出自己的观点，最终掌握获取学习资源的能力。

（4）鼓励学生采用内省法和追溯法记录自己学习的情况，反思学习的方法和效果。内省法和追溯法是两种可以结合在一起使用的方法，即学生定期写下自己的学习感受，记录自己成功或失败的例子，并学着分析其中的原因，对学习进行反思和内省。在这个过程中，遇到难以解决的问题时可以向老师求教，从而方便教师对学生进行具体的指导。这样，经过一段时间以后，根据自己的记录分析学习的情况，找出自己一段时间以来学习的成功与不足之处，就可以为下一步的学习做好准备。通过这一做法，学生会对自己的学习有更好的了解，并考虑如何使自己的学习更有效率。这种方法有助于学生了解自己所采用的学习策略的效果，并且反省自己学习目标的实现程度，从而使自己成为真正的自主学生。

好学生是教出来的